RECUEIL

DES

ORDONNANCES

DU ROY,

CONCERNANT LE SERVICE

DE

L'ARTILLERIE.

A METZ,

De l'Imprimerie de la Veuve de Brice Antoine,
Imprimeur du Roy, sur la Place d'Armes,
au Signe de la Croix.

M. DCCXXX.

AVERTISSEMENT.

LEs difficultez qui se font souvent presentées sur le service de l'Artillerie, ont engagé de rassembler toutes les Ordonnances qui doivent en régler le Service pour l'utilité du Corps de l'Artillerie. Ce Recüeil évitera aux Officiers la peine de recourir aux Codes Militaires, où même ces Ordonnances ne se trouveroient pas.

RECUEIL
DES ORDONNANCES
DU ROY,
Pour le Service de l'Artillerie.

Extrait des anciennes Ordonnances
sur le fait de l'Artillerie.

*Du Grand Maître de l'Artillerie, & de
ses Officiers.*

ARTICLE I.

Es Officiers de nôtre Artillerie
& Munitions d'icelle, seront
réduits à nombre certain de
chacun Etat, & leurs gages ar-
bitrez aux uns plus, aux autres
moins, selon leurs qualitez &
merites, dont se fera un Rôle par le Grand
Maître & Capitaine general d'icelle Artillerie,

qu'il signera de sa main ; lequel Etat ledit Grand Maître Nous presentera pour y corriger & amender ce qu'il Nous plaira ; & ce fait, le signer par Nous & arrêter pour servir d'acquit à celuy qui fera le payement. *François I. à St. Germain en Laye en Févr.* 1546.

I I.

Les Lieutenans, Commissaires, Canonniers, Fondeurs, Prevôts, Chirurgiens, Apoticaires, Fouriers, Charpentiers, Charrons, Forgeurs, Déchargeurs, Capitaines & Conducteurs de charrois ordinaires de nôtredite Artillerie, nouvellement venant à nôtre service en icelle, seront tenus prendre dud. Grand-Maître Lettres de retenuë, & faire en ses mains le Serment requis à leur Etat ; la prestation duquel Serment sera écrite au dos desd. Lettres de retenuë, pour du jour d'iceluy Serment, & non plûtôt, prendre leurs gages : lesquelles Lettres le Tresorier de nôtredite Artillerie sera tenu de raporter sur ses Comptes, ou le *Vidimus* d'icelles dûëment collationné à l'original. *Ibidem.*

I I I.

Ledit Etat par Nous signé & arrêté des Officiers de l'Artillerie, ledit Grand-Maître sçachant le lieu de leurs demeurances, en fera, avec leur commodité & selon la necessité que l'on en peut avoir par les Pays, un département par les Gouvernemens de Paris & Isle de France, Normandie, Bretagne, Picardie, Champagne, Bourgogne, Guyenne, Languedoc, Dauphiné & Provence ; établissant en chacun desdits Gouvernemens un des Commissaires de ladite Artillerie. *Ibidem.*

Le nombre des Provinces ayant depuis été augmenté, celuy des Officiers employez l'a été en même-temps.

I V.

En chacun desdits Gouvernemens pareillement il établira un Lieutenant, qui veillera & aura l'œil sur tous les autres Officiers départis en iceluy Gouvernement, aprendra les lieux de leur demeurance, afin de les pouvoir plûtôt recouvrer quand il sera requis les mander pour nôtre service, & que par Nous ou ledit Grand Maître il luy soit ordonné. *Ibid.*

V.

Quand aucuns des Canonniers & autres Officiers de l'Artillerie ne pourront venir en personne devers le Tresorier de l'Artillerie recouvrer leurs gages, ils seront tenus eux representer pardevant le Commissaire du Gouvernement auquel ils seront départis, s'il n'est à plus d'une journée d'eux ; sinon devers le plus prochain Juge Royal de leur demeurance, & de luy, ensemble de nôtre Procureur, recouvrer certification de leurdite presentation, & icelle envoyer audit Tresorier avec leurs procurations pour le remboursement de leursdits gages ; laquelle certification iceluy Tresorier sera tenu raporter sur ses comptes. *Ibid.*

PROVISIONS

De la Charge de Grand-Maître & Capitaine general de l'Artillerie de France, pour M. le Duc du Mayne, en datte du 10. Septembre 1694.

LOUIS par la grace de Dieu Roy de France & de Navarre: A tous ceux qui ces presentes Lettres verront, S a l u t. L'Etat & Office de Grand-Maître & Capitaine general de l'Artillerie de France, que possedoit le feu Sr. Duc de Humieres, Maréchal de France, étant à present vacant par son décez; & sçachant de quelle importance il est au bien de nôtre service & à celuy de l'Etat, de remplir au plûtôt cette Charge, d'une personne dont la capacité & l'experience nous donnent lieu de nous reposer entierement sur elle des soins & de l'administration des choses qui en dépendent & qui la concernent ; Nous avons estimé que Nous ne pouvons pour cette fin faire un meilleur ny plus digne choix que de nôtre tres-cher & tres-amé Fils le Duc du Mayne , Pair de France, Gouverneur & nôtre Lieutenant General en nôtre Province de Languedoc, General de nos Galeres, Colonel general des Suisses & Grisons étant à nôtre solde, & Mestre de Camp Lieutenant de nôtre Régiment Royal des Carabiniers, non-feulement par la confideration de fa naiffance, mais auffi par les preuves qu'il Nous a données de fa valeur, de fon grand courage, de l'experience qu'il s'eft acquife en la Guerre, dans les diverfes charges & emplois qu'il a exercez dans nos Armées, particulierement aux commandemens que Nous luy avons donné de nôtre Cavalerie dans celles de Flandres & d'Allemagne, où il a fait paroître une prudente & fage conduite, accompagnée de beaucoup de fermeté & d'intrépidité dans les occafions perilleufes qui s'y font rencontrées; ce qui joint aux autres grandes qualitez qui font en fa perfonne, Nous fait efperer qu'il Nous fervira dignement & utilement en ladite charge; prenant auffi toute confiance en fa fidelité & affection finguliere à nôtre fervice: SÇAVOIR FAISONS, que pour ces caufes, & autres bonnes confiderations à ce Nous mouvans, Nous avons nôtredit tres-cher & tresamé Fils le Duc du Mayne, fait, créé, conftitué, ordonné & étably, faifons, créons, conftituons, ordonnons & établiffons Grand-Maître & Capitaine general de l'Artillerie de France: Et ladite charge, enfemble la Sur-Intendance, l'exercice, l'adminiftration & gouvernement dudit Etat & Office de Grand-Maître & Capitaine general de nôtre Artillerie, tant deça que delà la mer, les monts & pays de nôtre obéïffance & protection, vacante, comme dit eft, par le décez dudit feu Sieur

Marêchal de Humieres , avons donné, octroyé
& accordé, donnons, octroyons & accordons
par ces Presentes signées de nôtre main : à
nôtredit Fils le Duc du Mayne, pour dorênavant Nous servir, aux charges, sur-intendance,
exercice, administration & gouvernement dud.
Etat de Grand-Maître , en qualité d'Officier
de nôtre Couronne, & aux mêmes honneurs,
dignitez , autoritez , prérogatives, prééminen-
ces, franchises, libertez, gages, droits de jour-
nées de chevaux & autres droits, avec les
états, pensions ordinaires & extraordinaires,
profits, revenus & émolumens tels & sem-
blables qu'en a joüy ou dû joüir feu nôtredit
Cousin le Marêchal de Humieres , & qu'ont
fait les autres Grands-Maîtres & Capitaines
generaux de l'Artillerie, ses prédecesseurs audit
Etat & Charge, & pour raison d'icelle : Et en
outre, Nous luy avons donné & donnons pouvoir & autorité d'avoir l'inspection & la sur-
intendance sur tous les Officiers, Commissaires,
Canonniers, Charons, Charpentiers, Fondeurs,
Déchargeurs , Capitaines & Conducteurs de
Charrois, Medecins, Chirurgiens, Apoticaires,
Tentiers , Tonneliers , Baillifs de la Justice ,
Lieutenant, Procureur & nôtre Avocat, Gref-
fier, Prevost & Archers, Marêchaux des Logis,
Sergens & autres, tant ordinaires qu'extraor-
dinaires : pourvoir aux Offices, Places, Etats &
Charges d'icelle, de personnes experimentées
& de qualité requise , ainsi qu'il connoîtra être

à faire pour nôtre service. Et comme de tout temps les Grands-Maîtres d'Artillerie, Capitaines generaux d'icelle ont accoûtumé de faire, voir, visiter & prendre connoissance de toutes & chacunes les piéces d'Artillerie, tant grosses que menuës, Boulets, Poudres de toutes sortes, Salpêtre, Soulphre, Cuivre, Etain, Plomb, Fer, Bois de remontage & de toutes autres sortes de matériaux & munitions, bâtons & harnois de guerre, outils à Pionniers & à gens de mêtier ou manouvriers, tant de ceux qui sont presentement, que de ceux qui seront mis dorênavant en nos Magasins, Villes, Châteaux, Citadelles & Places de nôtre Royaume, Pays de nôtre obéïssance, & sous nôtre protection, icelles piéces & munitions faire mettre par inventaire; & pour cet effet, envoyer les Commissaires & autres Officiers de nôtre Artillerie qu'il avisera, pour en faire rendre compte sur les derniers inventaires qui en ont été faits, les augmenter, diminuer, changer & renouveller de place à autre, selon qu'il verra être de besoin pour nôtre service; & pareillement avoir regard sur les fontes de nosdites piéces d'Artillerie, remontage & équipages d'icelles, façons & compositions de poudres tant grosses que menuës, même de mener, faire conduire & exploiter soit és Armées, Entreprises, Sieges, tant par terre que par mer, pour la défense de nos Villes, attaques de Places & autres Lieux qu'il sera requis, & de tel nombre de piéces de nôtredite Artillerie, Poudres, Boulets, & de toutes autres fortes de munitions que befoin fera, verra & connoîtra, & que les affaires le requereront; & par même moyen pourvoir à l'entretenement defdites pieces, munitions & autres affaires concernant & dépendant du fait de nôtredite Artillerie: comme auffi d'avoir l'adminiftration generale de tous les travaux, forts, tranchées & retranchemens, blocus, lignes de communication, redoutes, & tous autres remuëmens de terre qu'il conviendra faire en nos Armées, & aux Villes & Places que nous voudrons réduire en nôtre obéïffance, enfemble des rafemens & démolitions d'icelles, tant dedans que dehors nôtre Royaume, Pays de nôtre obéïffance & protection : ordonner de tous les payemens tant defdits travaux, qu'achats de matériaux, fafcines, gabions, & generalement de toutes les chofes qui concernent l'exécution des Sieges, prifes de Villes, Places, Forts, Châteaux, & démolition d'iceux : faire, voir & paffer tous Marchez & autres Actes & Contrats qui feront neceffaires pour le fait de ladite Artillerie, & Achats defdites munitions ; & en ce faifant, ordonner des payemens tant des Aydes & Extraordinaires, voyages, fervices & récompenfes defdits Officiers, Commiffaires, Forgeurs & gens de mêtier, & tous autres fuppôts tant ordinaires qu'extraordinaires de ladite Artillerie, gages & folde de Pionniers, Chevaux,

Capitaines & Conducteurs d'iceux, que des
fontes, façons defdites piéces, montagnes, radoubs & équipages d'icelles, achats de materiaux, boulets, cuivre, felpêtre, foulphre,
bâtons de guerre, harnois, canons, piques,
outils de toutes fortes, & autres provifions &
munitions de nôtredite Artillerie & des dépendances d'icelle, tranfports, chariots & voi-
tures defdites piéces, poudres, boulets ; felpêtre & autres munitions en general & en
particulier, diftributions, confommations &
délivrances defdites piéces, poudres, boulets,
felpêtre & munitions qu'il apartiendra faire
pour le fait de nôtredite Artillerie, fans qu'autres que nôtredit Fils en puiffent prendre con-
noiffance : le tout faire payer, diftribuer &
délivrer par les Tréforiers generaux de nôtre
Artillerie, & par ceux qui feront par Nous
commis pour faire lefd. comptes & payemens,
chacun en fon regard, des deniers qui luy feront par Nous ordonnez pour l'effet que deffus,
& icelles piéces, poudres, munitions, felpê-
pêtre, boulets & autres munitions generalement quelconques, & auffi les Armes qui Nous
apartiendront, faire, bailler & diftribuer ainfi
qu'il verra être à propos pour nôtre fervice,
par le Garde general de nôtre Artillerie &
Munitions, fur fes Ordonnances, Certifications
& Mandemens contrôlez par le Contrôleur
general de l'Artillerie ou fes Commis ; lefquelles
Ordonnances, Certifications & Mandemens

Nous voulons pouvoir valoir & fervir à l'acquit de nofdits Treforiers & autres qui auront
fait lefdits payemens, & délivrer lefd. piéces,
poudres, boulets, falpêtre & autres munitions,
tout ainfi que fi par Nous ils avoient été faits,
lefquels Nous avons dés-à-prefent validez &
autorifez, validons & autorifons par cefdites
prefentes, par lefquelles Nous avons à nôtredit
tres-cher & tres-amé Fils le Duc du Mayne,
permis & octroyé, permettons & octroyons
qu'aux lieux où il ne pourra vacquer en
perfonne, il puiffe commettre fon Lieutenant
General, choifir & élire tel des Commiffaires
ordinaires & extraordinaires qu'il avifera, pour
fes Lieutenans, aufquels il baillera fa Commiffion, pour en fon lieu & abfence vaquer
& entendre aufdites affaires, & enfemblement
ordonner des frais & dépenfes qu'il conviendra faire à l'effet & exécution de leurfdites
Commiffions, tout ainfi qu'il pourroit faire
s'il y étoit en perfonne; lefquels frais & dépenfes Nous avons auffi validez & validons
comme deffus, tant qu'il Nous plaira. Si
DONNONS EN MANDEMENT à nos amez
& feaux Confeillers les Gens tenans nôtre Cour
de Parlement, Chambre des Comptes, Cour
des Aydes de Paris, qu'iceluy nôtredit Fils le
Duc du Mayne, Grand-Maître de l'Artillerie,
aprés que de luy Nous aurons pris & reçû le
ferment en tel cas requis & accoûtumé, &
iceluy mis en poffeffion de la fur-intendance,

exercice, adminiſtration & gouvernement dudit Etat de Grand-Maître de l'Artillerie, ils
faſſent, ſouffrent & laiſſent joüir d'iceluy plei-
nement & paiſiblement : MANDONS en
outre à nos tres-chers & bien-amez Couſins
les Marêchaux de France, & tous Gouverneurs de nos Provinces, Lieutenans Generaux,
Chefs & Conducteurs de nos Gens de Guerre
& Armées, Baillifs, Senêchaux, Capitaines,
Gouverneurs, Maires & Echevins, Conſuls,
Jurats, Capitouls & autres Officiers & perſonnes établies en nos Villes, Châteaux, Citadelles & Fortereſſes, & autres nos Juſticiers
& Officiers, ou leurs Lieutenans, & à chacun
d'eux en droit ſoy, & comme à luy apartiendra, qu'ils luy mettent ou faſſent mettre en
évidence toutes les piéces d'Artillerie, poudres, boulets, ſalpêtres, ſoulphres, harnois de
guerre, & autres munitions qui ſont eſd. Villes,
Châteaux, Fortereſſes & Citadelles, pour, ſi
bon luy ſemble, les faire mettre par Inventaires, ou les faire tirer deſdites Villes, Cira-
delles & Places, les augmenter, diminuer, ou
faire rendre compte & tout ainſi qu'il verra
être à faire pour nôtre ſervice ; & à cette fin,
luy ouvrir, ou faire ouvrir aux Commiſſaires
& autres Officiers de ladite Artillerie qu'il
envoyera de ſa part pour cet effet, tous les
magaſins & autres lieux deſdites Villes, Citez,
Châteaux, Citadelles & Fortereſſes où ſeront leſdites munitions, à luy faire obéïr

és choſes touchant & concernant ledit Etat du Grand-Maître & Capitaine general de nôtred. Artillerie, circonſtances & dépendances, & de tous ceux & ainſi qu'il apartiendra, auſquels nous mandons ainſi le faire ſans difficulté; & pareillement à nos amez & feaux Conſeillers les Treſoriers generaux de ladite Artillerie, & à chacun d'eux comme il apartiendra, que des deniers qui par Nous leur ſeront ordonnez pour convertir & employer au fait de leurs charges, ils payent & délivrent à nôtred. Fils le Duc du Mayne, les Etats ordinaires & extraordinaires, penſions & droits ſuſdits, audit Etat de Grand-Maître & Capitaine general de nôtredite Artillerie, apartenant dorênavant par chacuu an, tels & ſemblables qu'ils ont accoûtumé, & les ont payez à ſes prédeceſſeurs Grands-Maîtres & Capitaines Generaux de ladite Artillerie; leſquels payemens, enſemble pour tous les frais & dépenſes de deniers diſtribuez, de munition & délivrance deſdites pieces & munitions cy-deſſus déclarées, qui auroient été diſtribuées par leſdits Tréſoriers & Gardes generaux, par les Ordonnances, Certificats & Mandemens dudit Sieur Duc du Mayne, ou de ſes Lieutenans, Commiſſaires par luy députez, dûëment contrôlez, Nous voulons être paſſez & alloüez és comptes deſdits Treſoriers generaux de nôtre Artillerie, Gardes des munitions d'icelle, & de celuy ou ceux qui payez & délivrez les

auront, & rabatus de leur recette par nos amez
& feaux les Gens de nos Comptes & autres
qu'il apartiendra, ausquels mandons ainsi le
faire sans difficulté ; raportant par eux lesdites
Presentes signées de nôtre main, ou Copies
d'icelles dûëment collationnées par l'un de
nos amez & feaux Notaires & Secretaires, avec
les Ordonnances, Certifications, Mandemens
& Rôles signez & expediez, tant par nôtredit
Fils le Duc du Mayne, que ses Lieutenans &
Commissaires, dûëment contrôlez comme dit
est, & les Quittances des parties où elles écher-
ront, sur ce suffisantes : Et quant ausd. gages,
états, pensions extraordinaires, & droits de
nôtredit Fils le Duc du Mayne, par sa seule
Quittance tant seulement, sans qu'il soit besoin
à aucun desdits Tresoriers & Payeurs, en avoir
ny recouvrer autres Mandemens, Ordonnances
& Acquits de Nous, que cesdites Presentes :
Car tel est nôtre plaisir, nonobstant quelconques Ordonnances, restrictions, mandemens,
& lettres au contraire, ausquelles Nous avons
en tant que besoin est ou seroit, dérogé &
dérogeons par ces presentes. En témoin dequoy
Nous avons fait mettre nôtre scel à cesdites
presentes. DONNE' à Versailles le dixiéme
Septembre, l'an de grace mil six cens quatre-
vingt-quatorze, & de nôtre Regne le cin-
quante-deuxiéme. *Signé*, LOUIS. *Et plus
bas*, Par le Roy, LE TELLIER. Et scellées.

OBSERVATION sur la Jurisdiction du Grand-Maître de l'Artillerie.

M. *le Grand-Maître de l'Artillerie a une justice particulière pour la connoissance des matiéres tant civiles que criminelles, concernant l'Artillerie & les Officiers d'icelle : elle est établie sous le titre de Bailliage de l'Arsenal, dont les apellations ressortissent au Parlement de Paris.*

Comme les Officiers qui composent cette Jurisdiction, ne sont pourvûs que par M. le Grand-Maître, les Prevôts des Armées & autres Officiers pourvûs par Sa Majesté, l'ont souvent contestée : mais M. le Grand-Maître y a toûjours été maintenu en toutes occasions, conformément à sa disposition & à ses anciens Privileges.

En 1637. Josué Jacob, Commissaire d'artillerie commandé pour servir en Hollande, ayant tué le nommé Gotter aussi Commissaire d'Artillerie, il fut informé de l'homicide par le Prevôt de l'Artillerie ; & les lettres de grace que le Roy fit expedier sur ces informations, furent adressées au Bailly de l'Arsenal ou son Lieutenant, & enregistrées audit Bailliage par Sentence du 27. Juin 1637.

Par autre Sentence du 10. Janvier 1690, Le Bailly de l'Arsenal condamna à mort le

Sieur

Sieur de Saint Ouyn Commissaire Provincial d'Artillerie, pour avoir tué d'un coup de pistolet le nommé de Plat Officier pointeur au Camp de Bossu en Flandres, dans le Parc de l'Artillerie.

Le 29. Août 1697. le Marquis de la Freze-liere Lieutenant General de l'Artillerie, pour lors à l'Armée d'Allemagne, ayant chargé le nommé Hotman Capitaine de Charoy, de la conduite de l'équipage du nommé Ferlet autre Capitaine de Charoy, qui avoit été tué; Le Sieur Binot Prevôt de la Connêtablie à sa suite de ladite Armée, décerna une contrainte contre ledit Hotman, pour les droits prétendus par les Officiers de la Connêtablie, sur les deniers pro-venans de la vente dudit équipage. Sur cela, M. le Grand-Maître défendit par Ordonnance du 20. Decembre 1697. audit Sieur Binot, de mettre sa contrainte à exécution, & ordonna audit Hotman de ne vuider ses mains qu'en consequence de Jugemens rendus au Bailliage de l'Arsenal. Cette contestation ayant formé une espece de conflit de Jurisdiction entre le Bailly de l'Arsenal & ledit Prevôt, il intervint Arrêt du Conseil Privé le 16. Septembre 1699. par lequel Sa Majesté maintient & garde les Of-ficiers de l'Artillerie au droit de Justice en ses Armées, en ce qui concerne l'Artillerie, circonstances & dépendances, suivant & con-formément aux privileges accordez par Sa

Majesté ausdits Officiers ; ordonne que par provision les Officiers de la Connêtablie seront payez par préference de la somme de trois cens cinquante livres, sur le prix de la vente dudit équipage étant és mains dudit Hotman : & renvoye les autres créanciers de Ferlet à se pourvoir pardevers le Bailly de l'Arsenal, pour la distribution de surplus du prix de ladite vente.

Le 15. Juin 1702. le Sieur Chavance Lieutenant au Régiment des Bombardiers, ayant tué dans le Parc de l'Artillerie à l'Armée de Flandres, un Commis du Sieur Rivié entrepreneur d'un équipage haut le pied, à la suite de ladite Armée, tant pour le service de l'Artillerie, que pour celuy des Vivres ; le Prevôt de l'Artillerie en informa sur le champ le Prevôt de l'Armée ; prétendit qu'il n'en avoit aucun droit, & que les parties n'étoient point sujettes à la justice de l'Artillerie : mais Sa Majesté informée de la contestation, la décida en faveur de l'Artillerie, en faisant expedier au Sieur de Chavance le 11. Juillet suivant, un brevet de grace qu'elle fit adresser pour l'enterinement au Bailly de l'Arsenal.

ORDONNANCE DU ROY,

Pour faire détacher des Corps de Garde des Places, des Soldats dont les Commissaires d'Artillerie, servant en icelles, auront besoin pour faire exploiter & remuer les Pieces d'Artillerie & Munitions de Guerre, & nettoyer les Magasins au lieu des Canoniers qui y étoient cy-devant employez.

Du 23. Janvier 1679.

DE PAR LE ROY.

SA Majesté ayant jugé qu'il étoit du bien de son service, de retrancher la dépense qu'Elle étoit obligée de faire pour l'entretenement des Canoniers dans ses Places ; Et ayant en même temps estimé à propos de pourvoir à ce que les Commissaires d'Artillerie qu'Elle a ordonnez pour servir dans lesdites Places, puissent faire faire les remuëmens des pieces d'Artillerie & munitions de Guerre aussi souvent que le bien de son service le pourroit requerir, aufquelles fonctions lefdits Canoniers étoient cy-devant employez. Sa Majefté a Ordonné & ordonne, Veut & entend que lorfque dans une Place il arrivera quelque occafion dans laquelle il fera neceffaire d'exploiter & remuer les pieces d'Artillerie & munitions de Guerre, le Gouverneur ou Commandant dans ladite Place donnera l'ordre neceffaire pour fuivant la requifition qui luy en fera faite par ledit Commiffaire d'Artillerie, faire détacher des Soldats des Corps de Garde commandez par des Sergens, & ce, au nombre que ledit Gouverneur ou Commandant jugera être neceffaire fur le compte que ledit Commiffaire luy rendra de ce à quoy ils devront être employez, avec injonction aufdits Sergens & Soldats de faire exécuter tout ce que ledit Commiffaire d'Artillerie leur ordonnera, fans difficulté. Comme auffi Sa Majefté Veut & ordonne que par ledit Gouverneur ou Commandant, il foit détaché de ladite Garde, deux fois par mois, fix Soldats pour aller nettoyer les Magafins defdites Places, & faire fur ce fujet tout ce que ledit Commiffaire leur ordonnera, auffi fans difficulté; Voulant qu'aprés que ce qui aura été ordonné aux uns & aux autres defdits Sergens & Soldats par ledit Commiffaire d'Artillerie, aura été exécuté, ils foient déchargez du refte de ladite garde, & puiffent fe retirer dans leurs chambres, ſans que le Capitaine ou autre Officier qui commandera ladite Garde, les puiſſe obliger de retourner achever le reſte de leur Garde. Mande & Ordonne Sa Majeſté aux Gouverneurs ou Commandans dans ſes Places, de tenir la main à l'exécution de la preſente, & de ſe conformer à ce qui y eſt contenu des intentions de Sa Majeſté. FAIT à Saint Germain en Laye le vingt-troiſiéme jour de Janvier mil ſix cens ſoixante-dix-neuf. *Signé*, LOUIS. *Et plus bas*, LE TELLIER.

ORDONNANCE
DU ROY,

Pour regler le rang entre les Officiers des Régimens des Fuſiliers & Bombardiers, & ceux des Compagnies de Canoniers, avec les Officiers d'Artillerie.

Du treiziéme Decembre 1686.

DE PAR LE ROY.

SA Majeſté voulant regler les rangs que les Officiers de ſes Régimens de Fuſiliers & de Bombardiers, & ceux des Compagnies de

Canoniers auront à garder avec les Officiers de son Artillerie , lorsqu'ils se trouveront ensemble ; de maniere qu'il n'arrive point à cet égard de contestation entr'eux. Sa Majesté a ordonné & ordonne, Veut & entend , que toutes les fois que par ses Ordres, lesd. Régimens de Fusiliers & de Bombardiers , & lesd. Compagnies de Canoniers se trouveront joints aux Corps d'Artillerie qui serviront dans ses Armées , les Commandans desdits Régimens & Compagnies obeïssent sans difficulté à ceux que le Grand-Maître de l'Artillerie aura commis pour la commander en Chef dans lesdites Armées ; que les Lieutenans Colonels desdits Régimens , & les Commissaires Provinciaux d'Artillerie prennent rang entr'eux , & commandent les uns aux autres, suivant l'ancienneté de leurs Commissions; & que pareillement les Capitaines des Compagnies , tant desdits Régimens que de Canoniers, tiennent rang avec les Commissaires ordinaires de l'Artillerie , & les Lieutenans desdites Compagnies avec les Commissaires extraordinaires, en sorte que les dattes des Commissions des Officiers desdits Régimens , & celles des Commissaires Provinciaux ordinaires & extraordinaires d'Artillerie , les reglent pour leurs rangs , de même que si lesdits Commissaires d'Artillerie étoient du Corps desdits Régimens , & les Officiers desdits Régimens & Compagnies du Corps d'Artillerie;

que si toutefois lesdits Lieutenans Colonels avoient obtenu du Grand-Maître de l'Artillerie des Commissions de Lieutenant d'Artillerie, les Capitaines des Commissions de Commissaires Provinciaux, & les Lieutenans des Commissions de Commissaires ordinaires. Sa Majesté veut audit cas qu'ils tiennent rang avec lesdits Officiers d'Artillerie qui auroient de mêmes Commissions du jour desdites Commissions; Que si les Commissions de ceux de même poste se trouvent de même jour, Sa Majesté veut qu'en ce cas, ils tirent au sort. Veut aussi Sa Majesté qu'à l'égard des profits & émolumens qui reviendront des Batteries & autres Ouvrages ausquels ils auront été commis & ordonnez, par ceux qui commanderont en Chef l'Artillerie és Armées, les Officiers desdits Régimens de Fusiliers & Bombardiers, & ceux desdites Compagnies de Canoniers, le partagent sur le pied cy-dessus marqué, avec les Officiers d'Artillerie. Mande & ordonne Sa Majesté au Sieur Marquis de Humieres, Maréchal de France, Grand-Maître de l'Artillerie de ce Royaume, de tenir la main à l'éxacte observation de la Presente. Fait à Versailles le treiziéme Decembre mil six cens quatre-vingt six. Signé, LOUIS; Et plus bas, LE TELLIER.

ORDONNANCE
DU ROY,

Pour regler le service du Regiment des Fuſiliers qui ſera dorénavant apellé le Régiment Royal de l'Artillerie.

Du quinziéme Avril 1693.

DE PAR LE ROY.

SA Majeſté ayant été informée qu'encore que ſon Régiment de Fuſiliers ait été mis ſur pied pour ſervir l'Artillerie dans ſes Armées, les Officiers qui l'ont commandé ont prétendu s'en pouvoir diſpenſer pour marcher & camper avec les autres Troupes deſdites Armées ; & voulant qu'il ſoit uniquement employé pour le ſervice auquel elle l'a deſtiné, & le regler de maniere qu'il ne s'y rencontre point de difficulté, Sa Majeſté a ordonné & ordonne que ledit Régiment de Fuſiliers ſera dorénavant apellé le Régiment Royal d'Artillerie ; que les Bataillons dudit Régiment marcheront & camperont toûjours avec l'Artillerie de l'Armée où ils ſerviront ; qu'ils n'y ſeront jamais mis en ligne, & que le Commandant & tous les autres Officiers du Régiment obéïront à celuy qui ſera prépoſé pour commander l'Artillerie, telle Charge qu'il puisse avoir dans l'Artillerie. Voulant Sa Majesté, pour les attacher davantage à ce service, que le Lieutenant-Colonel dudit Régiment soit Lieutenant de l'Artillerie ; les six premiers Capitaines Commissaires Provinciaux ; le Major & les autres Capitaines Commissaires ordinaires , & les Aydes-Majors , Lieutenans , Sous-Lieutenans & Enseignes Commissaires extraordinaires, desquelles Charges le Grand Maître de l'Artillerie leur fera délivrer ses Provisions pour esdites qualitez prendre rang avec les autres Officiers de l'Artillerie du jour que chacun d'eux a été pourvû par Sa Majesté de la Charge qu'il a dans le Régiment dont il sera fait mention dans lesdites Provisions , & qu'à l'avenir ils auront part aux profits des batteries dans les Sieges où ils se trouveront. Veut aussi Sa Majesté , que ceux qui monteront dans ledit Régiment à d'autres Charges que celles qu'ils y ont presentement , montent de même aux Charges de l'Artillerie ; & que lesdits Officiers & ceux qui entreront dans ledit Régiment soient tenus de prendre des Provisions du Grand-Maître , pour être reçûs dans les Charges qu'ils devront avoir dans l'Artillerie. Mande & ordonne Sa Majesté , au Sieur Duc de Humieres , Maréchal de France , Grand-Maître de son Artillerie ; à ses Lieutenans Generaux en ses Armées; aux Maréchaux de Camp ; & à tous autres ses Officiers, de

tenir la main chacun comme il luy apartiendra à l'obſervation de la Preſente. Fait à
Verſailles le quinziéme Avril mil ſix cens
quatre-vingt-treize. Signé, LOUIS; *Et plus
bas*, LE TELLIER.

ORDONNANCE
DU ROY,

Portant ampliation de celles qui ont
déja été faites ſur le ſervice du
Régiment Royal-Artillerie, & pour
prévenir les difficultez qui pourroient ſurvenir entre les Officiers
de l'Artillerie, & ceux des Troupes
qui l'eſcorteront.

Du 25. Novembre 1695.

DE PAR LE ROY.

SA Majeſté étant informée que les Ordonnances qu'elle a cy-devant fait expedier
pour regler de quelle maniere le Régiment
Royal-Artillerie doit ſervir avec ſon Artillerie, n'ont point entierement été exécutées,
que les inconveniens qu'Elle a voulu prévenir
par celles des treize Decembre 1686. & quinze

Avril 1693. font encore fouvent arrivez, &
qu'il eft auffi furvenu des difficultez de la
part des Officiers des Troupes qui étoient
commandées pour efcorter l'Artillerie, qui
en ont pû retarder le fervice ; Sa Majefté
voulant y pourvoir pour l'avenir, a ordonné
& ordonne que fefdites Ordonnances des
treize Decembre 1686. & quinze Avril 1693.
pour tout ce qui ne fe trouve point contraire
à la Prefente, qui y fervira de fuplément,
feront fuivies & obfervées, fans qu'il y puiffe
être en aucune maniere contrevenu. Voulant & entendant Sa Majefté que ledit Régiment continuë d'être apellé Royal-Artillerie. Que les Bataillons dont il eft compofé,
marchent & campent toûjours avec l'Artillerie dans les Armées où ils ferviront,
qu'ils n'y foient jamais mis en ligne,
n'y montent aucune Garde de Tranchée,
fous quelque prétexte que fe puiffe être, &
ne faffent aucun Service avec le refte de l'Infanterie, fi ce n'eft dans les Places où ils fe
trouveront en Garnifon. Que le Lieutenant-
Colonel, les Commandans des Bataillons &
les autres Officiers dudit Régiment obéïffent
à celuy qui commandera l'Artillerie, telle
Charge qu'il puiffe avoir dans ladite Artillerie, & qu'il luy foit permis de fe mettre
à la tête dudit Régiment, & de chacun defdits Bataillons, toutes les fois qu'il le jugera
à propos, foit dans les marches, & dans les

Détachemens, foit aux Revûës ou ailleurs, où
ledit Régiment & lefdits Bataillons fe trouveront.   Et comme Sa Majefté defire que le
Service de toutes les Compagnies dudit Régiment fe raporte à celuy de l'Artillerie , &
prevenir les difficultez qui pourroient naître
là-deffus de la part des Capitaines des Compagnies de Grenadiers ; Elle a fuprimé & fu-
prime ledit Titre de Capitaines de Compagnies
de Grenadiers, & leur a donné & donne celuy
de Capitaines de Compagnies de Canoniers ,
pour être à l'avenir fur le même pied que les
douze anciennes Compagnies de Canoniers
dudit Régiment , faire les mêmes fonctions ,
& recevoir la même paye, tant pour les Officiers , que pour les Soldats.   Ordonne Sa
Majefté que lefdites douze anciennes Compagnies de Canoniers, qui ont jufques à prefent fait un Service feparé dudit Régiment ,
feront incorporées dans les fix Bataillons qui
le compofent , dans chacun defquels deux
defdites Compagnies ferviront à l'avenir ,
moyennant quoy , il s'y trouvera trois Compagnies de Canoniers , y compris celle qui
étoit de Grenadiers, à la referve du Bataillon
de Frades, dans lequel il n'y a point de Compagnie de Grenadiers , & où par confequent
il n'y aura que deux Compagnies de Canoniers.   A l'égard des quatre Compagnies
d'Ouvriers dudit Régiment Royal-Artillerie ,
elles demeureront fur le même pied qu'elles

sont à present ; mais parce que Sa Majesté est informée que les Capitaines y reçoivent indifferemment des Soldats qui ne sçavent aucun métier, & dont les Equipages d'Artillerie ne tirent aucun secours, qui ait raport à leur institution ; Elle défend ausdits Capitaines sur peine d'être cassez, d'y engager à l'avenir aucun Soldat qui ne sçache un des mêtiers de Forgeur, Serrurier, Charron, Menuisier, Charpentier, Marêchal, Taillandier, Chaudronier, Masson, Tourneur ou Sellier ; & Elle enjoint aux Commandans, Major, & Aydes-Majors desdits Bataillons d'y tenir la main, sur peine d'interdiction de leurs Charges, défendant aux Commissaires des Guerres qui feront les Revûës desdites Compagnies, de n'y point passer de Soldats qui ne soient Ouvriers, quand bien ils seroient de la taille & de la qualité requises par les Ordonnances. Ordonne aussi Sa Majesté aux Commandans, Capitaines & autres Officiers desdits Bataillons de se conformer dans les Garnisons où ils se trouveront, à ce qui leur sera ordonné par le Grand-Maître de l'Artillerie, ou par le Lieutenant-Colonel dudit Régiment Royal Artillerie, sur tout ce qui concernera les exercices & détails de l'Artillerie, de maniere qu'ils y puissent être parfaitement instruits. Quant au rang que les Officiers d'Artillerie doivent avoir avec ceux dudit Régiment Royal-Artillerie, Sa Majesté l'ayant reglé par

sesdites Ordonnances. Elle veut & entend
qu'ils s'y conforment; Et comme il est necessaire que les Troupes qui serviront aux escor-
tes de l'Artillerie sçachent des Officiers qui
la commandent ce quelles auront à faire , Sa
Majesté veut & entend qu'à l'avenir, les Colonels, Mestre de Camp, Lieutenans-Colonels,
Capitaines & autres Officiers de ses Troupes
d'Infanterie, de Cavalerie & de Dragons qui
seront commandées ou détachées pour escor-
ter l'Artillerie, reconnoissent & fassent tout
ce qui leur sera ordonné par l'Officier de
ladite Artillerie qui la commandera , telle
Charge qu'il y puisse avoir , sans y aporter
aucune difficulté, sur peine de désobeïssance.
Mande & ordonne Sa Majesté à ses Lieutenans Generaux en ses Armées, aux Gouverneurs & ses Lieutenans Generaux en ses Provinces; & au Grand-Maître de son Artillerie,
de tenir la main à l'observation de la Presente.
Fait à Versailles le vingt-cinquiéme Novembre mil six cens quatre-vingt-quinze. Signé,
LOUIS; *Et plus bas*, LE TELLIER.

ORDONNANCE

DU ROY,

Pour végler le rang entre les Officiers d'Artil-
lerie de Terre, & de ceux de la Marine.

Du 9. Mars 1706.

DE PAR LE ROY.

SA Majesté auroit reglé par son Ordonnance du 10. Novembre 1697. le rang entre
les Officiers de ses Armées & les Officiers de
la Marine lorsque ceux-cy seront à Terre, &
qu'ils se trouveront ensemble employez pour
son service : Et jugeant necessaire d'expliquer aussi ses intentions sur le rang que les
Officiers de son Artillerie de Terre auront à
garder avec ceux de la Marine lorsqu'ils serviront à Terre, Sa Majesté a ordonné & ordonne qu'à l'avenir tous lesdits Officiers marcheront entre eux dans le rang que leurs
Charges leur donneront suivant la date de
leurs Provisions, Commissions, Brevets, &
ordres en la maniere cy-aprés expliquée.

Les Lieutenans Generaux de l'Artillerie de
Terre avec les Commissaires Generaux de
l'Artillerie de la Marine.

Les Commissaires Provinciaux avec les Capitaines d'Artillerie & des Galliotes.

Les Commissaires ordinaires avec les Lieutenans d'Artillerie ou des Galliottes.

Les Commissaires extraordinaires avec les Soulieutenans d'Artillerie ou des Galliottes.

Les Pointeurs & Aides du Parc avec les Aides d'Artillerie.

Et en cas que Sa Majesté donne des Ordres aux Officiers de Vaisseau de servir comme Officiers d'Artillerie, ils auront le même rang suivant leurs differentes qualitez.

Quand l'Officier de l'Artillerie de la Marine se trouvera par son ancienneté Commandant l'Artillerie de Terre, il rendra compte au Grand-Maître, & informera le Secretaire d'Etat de la Guerre pour rendre compte à Sa Majesté; & de même quand l'Officier d'Artillerie de Terre se trouvera par son ancienneté Commandant l'Artillerie de la Marine, il informera le Secretaire d'Etat ayant le Département de la Marine pour rendre compte à Sa Majesté.

Les ordres necessaires pour lesdits Officiers de l'Artillerie de la Marine seront expediez à l'ordinaire par le Secretaire d'Etat ayant le Département de la Marine.

Mande & ordonne Sa Majesté à Monsieur le Duc du Maine, Grand-Maître de son Artillerie, de faire exécuter & observer le contenu en la Presente, laquelle sera publiée &

affichée

affichée par tout où befoin fera à ce qu'au-
cun n'en prétende caufe d'ignorance. Fait à
Verfailles le neuviéme Mars 1706. Signé,
LOUIS. Et plus bas, CHAMILLART.

ORDONNANCE
DU ROY,

*En explication de celle du 9. Mars 1706.
touchant le rang & le fervice des Officiers
d'Artillerie de Terre avec ceux de la Marine.*

Du 5. Novembre 1708.

DE PAR LE ROY.

SA Majefté étant informée qu'il eft furvenu
quelques conteftations fur l'exécution de
fon Ordonnance du 9. Mars 1706. qui regle
le rang entre les Officiers de l'Artillerie de
Terre & ceux de la Marine lorfqu'ils fervent
à terre : Et voulant faire connoître fes intentions pour prévenir toutes les difficultez qui
pourroient encore furvenir, Elle veut & entend que les Officiers de chaque qualité marchent entre eux fuivant la date de leurs Commiffions, Provifions, Brevets & Ordre en la
maniere fuivante.

C

Tous les Lieutenans de l'Artillerie de Terre sans aucune exception, avec les Commissaires Generaux de l'Artillerie de la Marine.

Les Commissaires Provinciaux avec les Capitaines d'Artillerie & de Galliotte.

Les Commissaires ordinaires avec les Lieutenans d'Artillerie & de Galiote.

Les Commissaires extraordinaires avec les Soulieutenans d'Artillerie & de Galiote.

Les Pointeurs & Aides du Parc avec les Aides d'Artillerie.

Et de même les autres Officiers de Marine, lorsque Sa Majesté leur donnera des ordres pour servir sur les Côtes à quelque Siege de Place ou ailleurs comme Officiers d'Artillerie, auront rang, sçavoir :

Les Capitaines de Vaisseaux, ceux des Ports, les Capitaines des Gardes de la Marine, les Inspecteurs des Compagnies Franches & les Majors, avec tous les Lieutenans d'Artillerie.

Les Capitaines de Fregates legeres avec les Commissaires provinciaux.

Les Lieutenans de Vaisseaux, ceux des Ports, les Lieutenans des Gardes-Marine, les Aides-Majors, & les Capitaines de Brulots, avec les Commissaires ordinaires.

Les Enseignes des Vaisseaux, ceux des Ports, les Enseignes des Gardes-Marine, & Chefs de Brigades ayant rang d'Enseignes par Ordonnance de Sa Majesté du 15. Janvier 1704. les

Lieutenans de Fregates legeres & les Capitaines de Fluttes, avec les Commiſſaires extraordinaires.

Les Brigadiers, Soubrigadiers & Gardes de la Marine, avec les Pointeurs & Aides du Parc.

Ne pourront neanmoins tous leſdits Officiers d'égale qualité & dignité qui ſe trouveront enſemble, prétendre aucuns commandemens les uns ſur les autres, à moins qu'ils n'en ayent des ordres particuliers de Sa Majeſté ; & en attendant qu'ils les ayent reçûs, chacun fera ſes fonctions & ſon ſervice ſeparément : mais ſi ces Officiers ſont d'une qualité inégale, celuy qui ſera d'un rang ſuperieur commandera, quand même il n'auroit pas d'ordre, juſqu'à ce que Sa Majeſté ait fait ſçavoir ſes intentions.

Lorſque Sa Majeſté donnera des ordres à des Officiers de Marine pour commander un Equipage d'Artillerie à terre & à quelque Siege, le Grand-Maître mettra ſon Attache à ces Ordres pour faire reconnoître ces Officiers.

Veut au ſurplus Sa Majeſté que ſon Ordonnance du 9. Mars 1706. ſoit exécutée en ce qui n'y aura pas été dérogé par la Preſente.

Mande & ordonne Sa Majeſté à Monſieur le Duc du Maine Grand-Maître de ſon Artillerie, de faire exécuter & obſerver le contenu en la Preſente, laquelle ſera publiée &

affichée par tout où besoin sera , à ce qu'aucun n'en pretende cause d'ignorance. Fait à
Versailles le cinquiéme Novembre mil sept
cens huit. Signé , LOUIS. Et plus bas,
CHAMILLART.

ORDONNANCE

DU ROY,

En faveur des Officiers d'Art.llerie.

Du 19. Février 1716.

DE PAR LE ROY.

SA Majesté ayant reçû plusieurs remon-
strances de la part des Officiers de son
Artillerie, sur ce que jusqu'à present ils n'ont
point été admis à l'Hôtel Royal des Invalides,
non plus que les conducteurs, chartiers &
ouvriers de ladite Artillerie ; quoy que leur
service soit purement militaire , & qu'ils
exposent leurs vies pour le service de Sa
Majesté , de la même maniere que les Officiers , Cavaliers, Dragons & Soldats de ses
Troupes : Sa Majesté de l'avis de Monsieur
le Duc d'Orleans son Oncle Regent, a ordon-

né & ordonne qu'à l'avenir les Commissaires ordinaires & extraordinaires de son Artillerie, & les Officiers pointeurs, seront reçûs à l'Hôtel Royal des Invalides comme Officiers; les Gardes-Magasins & les Capitaines conducteurs comme Sergens; les Maîtres-ouvriers, simples ouvriers & chartiers comme Soldats, en justifiant tant par lesd. Officiers que par les Gardes-Magazins, Capitaines-Conducteurs, Maîtres-Ouvriers & Chartiers, qu'ils ont les qualitez requises pour être reçûs audit Hôtel, conformément aux regles qui y sont établies pour les Officiers, Cavaliers, Dragons & Soldats des Troupes de Sa Majesté.

Mande & ordonne Sa Majesté au Président, Vice-Président & aux Conseillers de son Conseil de la Guerre, & tous autres qu'il apartiendra, de tenir la main à l'exécution de la Presente, laquelle Sa Majesté veut être publiée & affichée où besoin sera, à ce qu'aucun n'en prétende cause d'ignorance. Fait à Paris le dix-neuviéme jour de Février mil sept cens seize. Signé, LOUIS. Et plus bas, PHELYPEAUX.

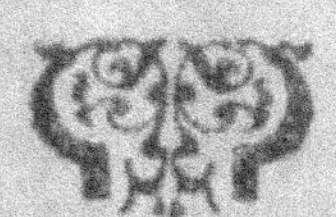

ORDONNANCE

DU ROY,

Pour incorporer le Régiment Royal des Bombardiers, toutes les Compagnies Franches ou séparées des Canoniers, & toutes celles des Mineurs, dans les Bataillons du Régiment Royal Artillerie, & regler la maniere dont les Compagnies & Bataillons seront formez.

Du 5. Février 1720.

DE PAR LE ROY.

SA Majesté jugeant qu'il est necessaire que les Bataillons qui sont attachez au service de l'Artillerie soient répartis sur toutes les Frontieres & dans les differentes Armées, ainsi que l'on le pratique, il conviendroit que les Officiers qui sont dans chacun de ces Bataillons y fussent fixez pour y monter aux Emplois, & que chacun de ces Bataillons eût un Etat Major, sur tout ayant un service double; Néanmoins dans les Bataillons du Régiment Royal Artillerie, quoyque toûjours separez, les Officiers montent aux Compagnies & dans les Grades indifferemment d'un Bataillon à l'autre, & il n'y a qu'un Etat Major comme dans les autres Régimens dont les Bataillons servent toûjours ensemble.

De plus, ces Bataillons servans sur differentes Frontieres & dans differentes Armées, chacun d'eux ne se trouve pas formé pour agir separément, ny celuy des Bombardiers, les uns n'ont point de Sapeurs, d'autres point de Bombardiers, d'autres encore point d'Ouvriers en fer & en bois à l'usage de l'Artillerie, & dans tous point de Mineurs, & generalement pas assez d'Hommes de toutes ces differentes Professions, en sorte qu'il y a toûjours quelque partie necessaire qui manque pour le service ; & même comme ils n'ont point de Soldats aprentifs dans leurs Compagnies pour remplacer ceux de ces differentes Professions ou Métiers qui se perdent, on est obligé de les prendre dans toute l'Infanterie : A quoy Sa Majesté voulant remedier, a résolu de faire une Refonte de tous les Bataillons & Compagnies qui sont au service de l'Artillerie, pour que dans quelques Pays ou Armées où un de ces Bataillons pourra se trouver à l'avenir, il y ait dans chacun des hommes de tous les Métiers & Professions necessaires au Service de l'Artillerie, & même dans chaque Compagnie, afin que lors qu'on en pourra détacher, soit pour la défense de quelque Place

ou pour quelque attaque, le Service ne puiſſe
pas manquer; Ce qui a déterminé Sa Majeſté
à ordonner, de l'avis de Monſieur le Duc
d'Orleans Regent, Que toutes les Compagnies
qui compoſent le Régiment Royal des Bombardiers, toutes celles de Canoniers ſoit franches ou ſeparés, & toutes celles de Mineurs,
ſeront incorporées dans le Régiment Royal
Artillerie.

Que ce Régiment formera cinq Bataillons,
chacun de huit Compagnies de cent hommes
chacune.

Que les dix dernieres Compagnies ordinaires
du Royal Artillerie ou des Bombardiers, ſeront
réformées dans les autres, & ce ſuivant le
rang des Commiſſions de Capitaine, & non
de rang de Régiment.

Que les quatre plus anciens Capitaines du
Royal Artillerie, & le plus ancien Capitaine
de celuy des Bombardiers, ſeront faits Lieutenans-Colonels, & en ladite qualité commanderont chacun un de ces Bataillons ſous
l'autorité du Colonel Lieutenant dudit Régiment.

Que tous les Capitaines du Royal Artillerie,
des Bombardiers, des Compagnies de Canoniers, ſoit franches ou ſeparées des Compagnies de Mineurs, ſeront placez tour à tour
dans les Bataillons ſuivant leur ancienneté de
Commiſſion de Capitaine & non de Régiment,
& ſans aucun égard à tout autre Grade que

des Particuliers pourroient avoir obtenu : Observant néanmoins de partager autant que faire se pourra dans chaque Bataillon les Officiers de Bombardiers, Mineurs & Sapeurs,

Que les Soldats Canoniers & Bombardiers étans à peu prés de même Profession & même Ecole, ils seront indistinctement mêlez ensemble, qu'il en sera de même des Mineurs & Sapeurs, puis les Ouvriers en fer & en bois, observant d'en avoir un plus grand nombre des métiers dont on fait le plus d'usage.

Chaque Compagnie sera composée d'un Capitaine en premier, d'un Capitaine en second, de deux Lieutenans, deux Sous-Lieutenans, quatre Sergens, quatre Caporaux, quatre Anspessades, deux Cadets, deux Tambours, & quatre-vingt-quatre Soldats.

Que chaque Compagnie sera divisée en trois Escoüades, la premiere qui sera double sera composée de vingt-quatre Canoniers ou Bombardiers, dans le nombre desquels il y aura deux Sergens, deux Caporaux, deux Anspessades qui seront de la même Profession, & vingt-quatre Soldats Aprentifs à la paye ordinaire.

La seconde Escoüade sera composée de douze Mineurs ou Sapeurs, dans le nombre desquels il y aura un Sergent, un Caporal, & un Anspessade des mêmes Professions, & douze Soldats Aprentifs à la paye ordinaire.

La troisiéme Escoüade sera composée de

douze Ouvriers en fer & en bois à l'ufage de l'Artillerie, dans le nombre defquels il y aura un Sergent, un Caporal, & un Anfpeffade des mêmes Métiers, & douze Soldats Aprentifs à la paye ordinaire.

L'Etat-Major de chacun de ces Bataillons fera compofé d'un Lieutenant-Colonel, un Major, un Ayde-Major, un Aumônier, & un Chirurgien Major.

Tous les Officiers qui font prefentement en pied dans les Bataillons ou Compagnies attachées au fervice de l'Artillerie, & qui ne pourroient pas refter en pied par la nouvelle compofition des Bataillons y feront rétablis, par préference à tous autres, lors qu'il y aura des Charges vacantes, & aprés eux, ceux qui ont été en pied dans les Régimens ou Compagnies.

A l'égard de ceux des autres Régimens qui ont été envoyez à la fuite du Royal Artillerie ou des Bombardiers, il leur fera donné des ordres pour fe rendre à la fuite d'autres Régimens.

Le Régiment gardera le même habillement & les mêmes Drapeaux, hors qu'il y aura un Drapeau blanc dans chaque Bataillon.

Le Major & Ayde-Major ne pourront avoir d'autres emplois.

ORDONNANCE
DU ROY,
Pour régler le Service du Régiment
Royal Artillerie.

Du 5. Février 1720.

DE PAR LE ROY.

SA MAJESTE' voulant expliquer ses
Intentions sur le Service du Régiment Royal
Artillerie, a Ordonné & ordonne, de l'avis
de Monsieur le Duc d'Orleans Regent, que
quand les Bataillons dudit Régiment se rencontreront, ils n'auront d'autre Rang entr'eux
que celuy de l'ancienneté du Lieutenant-Colonel, & les Officiers dans les Détachemens
Commanderont entr'eux suivant l'ancienneté
de leurs Commissions, Et avec les autres Régimens suivant le Rang du Régiment.

Le plus ancien Major fera la Charge de
Major de Brigade, quand bien même son Bataillon ne seroit pas le premier.

Lorsque les Bataillons se trouveront ensemble, si un des Lieutenans-Colonels étoit absent,
le Bataillon ne laissera pas de prendre son Rang,
suivant l'ancienneté du Lieutenant-Colonel, Et
le premier Capitaine en prendra le Comman-

dement aux ordres, pour le service du Lieutenant-Colonel le plus ancien qui se trouvera présent.

Comme les Lieutenans-Colonels de ce Régiment commanderont entr'eux suivant leur ancienneté de Commissions, si les Lieutenans-Colonels étoient absens, l'ancien Capitaine commanderoit le tout, quand bien même le Bataillon dont il seroit ne marcheroit pas le premier.

Il ne sera mis à la tête de ces Bataillons, soit pour Lieutenans - Colonels, Capitaines ou Majors, que des gens élevez dans le Corps, & qui se soient rendus capables par les Ecoles & leurs experiences dans les differentes fonctions que leurs Emplois demandent, afin que le même homme puisse servir à placer & commander également les Batteries de Canons & de Mortiers, conduire les Mines & les Sapes.

Les Officiers de ces Bataillons garderont les mêmes Rangs avec les Lieutenans d'Artillerie & Commissaires, tels qu'ils sont aujourd'huy réglez pour le Service.

Les Subalternes & les Soldats s'instruiront & feront indifferemment les mêmes Ecoles, Et tous les jeunes gens qui entreront pour être Officiers, seront obligez d'être instruits dans les Mathematiques ou de les aprendre dans leurs premiers Emplois & de subir l'Examen.

Les Capitaines seront détachez à tour de Rôle pour commander les differentes Ecoles en

Paix & en Guerre, & pour toutes les attaques indifferemment; Mais comme jusques à present les Capitaines de Canoniers n'étoient employez que pour les Batteries de Canons, ceux des Bombardiers que pour celles des Bombes, ceux des Mineurs que pour les Mines, d'autres pour les Sapes, lorsque le Capitaine, supposé, de Canoniers sera détaché pour conduire une Mine, il y aura avec luy un Capitaine en second, ou autres Officiers de ceux qui auront été dans les Compagnies de Mineurs, & ainsi des autres fonctions.

Pour qu'il y ait toûjours à la tête des détachemens, des plus anciens Capitaines & des plus experimentez, tous les Commandemens se prendront par un Capitaine en pied, puis un Capitaine en second, afin que pour peu que le détachement soit considerable, il y ait toûjours un des premiers Capitaines à la tête.

Lorsqu'on fera des détachemens de chaque Compagnie, soit pour la garde des Places, du Parc d'Artillerie, ou autres qui ne seront pas du service des professions & mêtiers cy-dessus, si le détachement est de seize hommes par Compagnie, il en sera détaché huit de l'Escoüade des Canoniers-Bombardiers, quatre de celle des Sapeurs & Mineurs, quatre de celle des Ouvriers, & de toutes les trois, moitié de ceux des Professions & Mêtiers, & moitié des Aprentifs.

Lorsque l'on fera des détachemens pour des

Batteries de Canons ou de Mortiers, ils feront tirez de toutes les Efcoüades des Canoniers & Bombardiers de chaque Compagnie , dont moitié feront Aprentifs.

Si l'on a befoin des Ouvriers , ils feront pareillement tirez des Brigades des Ouvriers en la même maniere.

Lorfque l'on demandera des détachemens de Mineurs & de Sapeurs, fi c'eft pour des Mines on détachera avec eux moitié Aprentifs ; Mais à l'égard des Sapes , fuivant le nombre d'hommes qui fera neceffaire pour ce travail, outre les hommes du Royal Artillerie on en prendra dans les Bataillons de l'Armée , on détachera des Sapeurs feulement le nombre neceffaire pour être à la tête des Brigades pour travailler & conduire l'ouvrage , & fous eux leurs Aprentifs , & aprés eux les Soldats détachez de l'Armée.

Pour faciliter au Capitaine en premier les moyens de faire les Recruës neceffaires pour fa Compagnie, le Capitaine en fecond & les quatre Subalternes feront obligez d'y travailler ; Du nombre des cinq il y en aura trois chaque année qui iront faire les Recruës ; Si par exemple il manque vingt-quatre hommes à une Compagnie, chacun de ces trois Officiers fera obligé d'en faire fix, & le Capitaine en premier fera chargé des fix autres.

Le Capitaine en premier payera à l'Officier chargé d'aller en Recruë , pour la conduite

de chaque homme de Recruë deux sols par
lieuë , par raport à la distance de l'endroit
d'où l'Officier les amenera , Et dix sols par
homme pour un séjour qui sera pris de cinq
en cinq jours.

A l'égard de l'argent que le Capitaine sera
obligé de donner pour faire les hommes , le
prix en sera réglé à l'amiable par le Commandant du Corps , & par les Directeurs & Inspecteurs , & ce suivant les facilitez ou difficultez
qui peuvent se trouver plus ou moins grandes
selon les temps ; l'intention de Sa Majesté n'é-
tant pas que les Officiers chargez des Recruës
y mettent du leur , mais bien qu'ils donnent
leurs soins & leur peine pour le bien de son
service , en l'employant à maintenir ses Troupes complettes , à quoy ils doivent être d'autant plus engagez , que lorsqu'ils parviendront
à avoir une Compagnie on travaillera également pour eux ; & ceux qui ne travailleront
point aux Recruës seront privez de leurs
Emplois.

Sa Majesté a choisi le Sr. Camus Destouches
Maréchal de ses Camps & Armées , pour être
Directeur general des Ecoles d'Artillerie, &
le Sr. de Valliere aussi Maréchal de Camp pour
Inspecteur general desdites Ecoles , chacun
dans les Départemens qui leur seront distribuez.

Chaque année ils iront visiter les Bataillons
du Régiment Royal-Artillerie qui seront dans
leur Département, en feront la Revüë & exa-

mineront la capacité des Officiers & Soldats.

Ils auront dans leur Tournée tous les honneurs de Commandans, & les Lieutenans-Colonels & Capitaines leur obéïront en tout ce qui eſt du ſervice d'Artillerie.

Les Commandans & Majors leur rendront compte de la conduite des Officiers, & s'ils s'apliquent à s'inſtruire pour meriter de monter aux grades.

Aucun Subalterne, quelque ancienneté qu'il ait, ne ſera reçû Capitaine en ſecond, & celuy qui ſera Capitaine en ſecond ne ſera mis en premier qu'il ne ſoit capable de commander toutes les Ecoles; & dans tous les Siéges, de conduire tous les differens ouvrages ou attaques qui ſeront ordonnées : & pour cet effet il ſubira l'examen avant de pouvoir être reçû.

On preſentera aux Directeur & Inſpecteur tous les Soldats aprentifs de chaque Compagnie que l'on croira capables de remplir les places qui ſeront vacantes, ſoit Canoniers, Bombardiers, Mineurs, Sapeurs ou Ouvriers; & à leur deffaut, les Soldats de Recruë capables de faire ces fonctions ſeront examinez & exercez en preſence du Directeur ou Inſpecteur, & ne ſeront reçûs & employez ſur le Regiſtre qu'aprés avoir été trouvez capables, & ceux qu'ils auront refuſez reſteront Soldats à la paye ordinaire juſques à ce qu'ils ſoient mieux inſtruits.

Lorſque le Commiſſaire des Guerres fera

la Revûë, il la fera par apel pour ceux qui font Canoniers, Bombardiers, Sapeurs, Mineurs ou Ouvriers, fuivant qu'ils feront contrôlez fur le Livre figné du Lieutenant-Colonel & du Major, vifé de l'Infpecteur, & s'il y en a de nouveaux depuis la derniere Revûë, ils marqueront qu'ils ont été faits depuis, & que c'eft en attendant qu'ils les ayent aprouvez.

Lefdits Commiffaires fpécifieront dans leurs Revûës, par articles feparez, le nombre qu'il y aura, tant de Sergens, Canoniers ou Bombardiers, Sapeurs ou Mineurs, Ouvriers ou Soldats aprentifs à la paye ordinaire, afin que le décompte de la Compagnie foit fait fuivant la paye réglée pour chacun.

Les Directeurs & Infpecteurs Generaux de l'Infanterie feront à l'ordinaire les Revûës de ces Bataillons, & les Lieutenans-Colonels envoyeront directement à celuy qui fera chargé de l'Infanterie le Memoire pour propofer aux Emplois vacans, & en rendre compte à S.A.R.

Ces Bataillons fe trouvant feuls dans une Place ou avec d'autres Troupes, y feront le Service comme toute l'Infanterie, mais ils ne feront comptez que pour un demy Bataillon, n'y ayant que les Capitaines en fecond & les Officiers Subalternes qui monteront la garde & feront le fervice dans la Place: Sa Majefté en ayant bien voulu difpenfer les Capitaines en premier, & les Canoniers, Bombardiers, Mineurs, Sapeurs & Ouvriers, à moins qu'il ne fût necessaire pour le Service de la Place; auquel cas ils exécuteront sur cela les ordres des Gouverneurs ou Commandans des Places où ils se trouveront.

Les Bataillons du Régiment Royal Artillerie étant dans tous les Siéges journellement de Tranchée par détachemens à toutes les attaques, ils ne monteront point de Tranchée en Corps.

Dans les Armées ils camperont toûjours au Parc de l'Artillerie, & ne feront que ce service.

Ces Bataillons seront répartis sur les Frontieres & dans les Places principales où se font tous les Ouvrages necessaires pour les Magasins d'Artillerie ; Sa Majesté commettra dans ces Lieux un des principaux Officiers d'Artillerie pour Commander les Ecoles de Canons & de Bombes, pour leur montrer à conduire des Sapes & des Mines, & la maniere d'attaquer & deffendre les Places, ce que l'on leur fera pratiquer sur le Terrein ; à l'effet dequoy on leur distribuera la Poudre, les Bois & les Materiaux necessaires.

Il sera entretenu à la suite de chacun de ces Bataillons un Maître de Mathematique pour instruire les Officiers Subalternes, lesquels seront obligez de se rendre au lieu qui sera destiné, pour tenir l'Ecole tous les jours de la semaine que les Directeur ou Inspecteur auront marqué : Sa Majesté enjoignant au Comman-

dant & au Major de tenir la main à ce qu'aucun n'y manque.

Mande & ordonne Sa Majesté aux
Gouverneurs & ses Lieutenans Generaux en
ses Provinces & Armées, aux Gouverneurs &
Commandans dans ses Villes & Places, aux
Intendans en sesdites Provinces & sur ses
Frontieres, aux Directeurs & Inspecteurs
Generaux de ses Troupes, aux Commissaires
de ses Guerres & à tous autres ses Officiers
qu'il apartiendra, de tenir la main à l'exécution
de la Presente.   Fait à Paris le cinquiéme jour
de Février mil sept cens vingt. Signé, LOUIS.
Et plus bas, LE BLANC.

INSTRUCTION

Que S. A. R. a fait expedier au Sr. Camus
Destouches Maréchal de Camp, Lieutenant
General d'Artillerie, Directeur General
des Ecoles des Bataillons attachez au service
de l'Artillerie; Et pour le Sr. de Valiere
Maréchal de Camp, Inspecteur General des
mêmes Ecoles, chacun dans leur Département.

SA Majesté ayant chargé le Sr. Marquis de
Broglio, Lieutenant General des Armées
du Roy, & Directeur General de l'Infanterie,
de faire l'Incorporation du Régiment Royal

dès Bombardiers, & de toutes les Compagnies attachées au service de l'Artillerie dans le Régiment Royal Artillerie, Elle a ordonné auſdits Srs. Camus Deſtouches, & de Valiere de ſe rendre à Vienne où l'Incorporation ſe doit faire, afin de faire ſçavoir à chacun des Bataillons l'intention de Sa Majeſté ſur les Ecoles qu'ils devront faire, & ſur tout ce qui peut regarder le ſervice de l'Artillerie, ſoit en Paix ou en Guerre. Le Département dudit Sr. Camus Deſtouches pour les Ecoles ſera la Flandres, Haynault, Picardie, Artois, Champagne, Evêchez & Alſace. Celuy du Sr. de Valiere ſera la Franche-Comté, Dauphiné, Provence, Languedoc, Rouſſillon, & les Coſtes de l'Ocean juſques en Bretagne.

Les Ecoles ſe tiendront toute l'année, en profitant l'Hyver des beaux jours pour cela.

Ils régleront combien de fois par mois elles ſe feront.

Ils diſtingueront les Ecoles, en Ecoles de Theorie & en Ecoles de Pratique.

Celle de Theorie ſera principalement pour les Officiers: on leur enſeignera les Fortifications & les Parties de Geometrie neceſſaires pour les éclairer à bien placer une Batterie dans toutes les occaſions où l'on ſe ſert de Canon & de Mortiers, à tirer autant juſte qu'il eſt poſſible le Canon, les Bombes & les Pierres, à bien mener les Sapes, à conduire les Galeries & Rameaux des Mines, à placer les Fourneaux & à déterminer leurs charges : on les inftruira dans les parties de Mechaniques qui aprennent à fervir avec adreffe des Leviers, Poulies & Cordages pour le mouvement des fardeaux.

Les Officiers de ces Bataillons aprendront tout ce qu'on apelle détail de l'Artillerie ; Formation d'un Equipage proportionnément à l'Armée où il devra fervir, & d'un Equipage de Siége, tant pour la défenfe que pour l'attaque des Places, fuivant la force de la Place & la Garnifon qui doit la défendre.

Ils feront inftruits dans la compofition de la Poudre & dans celle des Artifices.

On leur expliquera de quelle maniere on range les Munitions dans un Parc ou dans un Magafin, & comme on les partage en plufieurs lieux differens dans une Place affiegée : Ils fçauront les dimenfions des Canons, Mortiers, Pierriers & de leurs Affuts, & celles de tous les Attirails, & les differentes voyes fuivant les divers Pays où l'on mene l'Artillerie.

Toutes ces operations feront réglées avec le plus d'uniformité qu'il fera poffible, pour ne point multiplier fans neceffité les differentes manieres de Conftructions & du Service, lefquelles ne doivent recevoir de changement que par raport à la fituation des Pays où l'Artillerie s'exécute.

L'Ecole de Pratique fera pour tous les Officiers & Soldats : on leur enfeignera à tracer

& à conſtruire les Batteries de Canons, Mortiers & Pierriers, à charger & à ſe ſervir de toutes ſortes de bouches à feu.

On leur fera compoſer les artifices qui ſont en uſage, & exécuter ſur le lieu de l'Ecole des Sapes & des Mines & tout ce qui en dépend; Lorſque les Batteries ſeront conſtruites on les leur fera ſervir ainſi qu'à un Siége, & pour cela on conviendra d'une maniere d'Exercice la plus ſimple qu'il ſera poſſible; au moyen dequoy, chaque Canonier, Bombardier ou Soldat ſervant ſçaura le poſte qu'il doit tenir, & ce qu'il aura à faire dans l'exécution d'une Piece de Canon ou d'un Mortier.

Le Directeur & l'Inſpecteur General conviendront enſemble de cette Theorie & de cette Pratique, ils en dreſſeront des Memoires plus étendus qui ſeront imprimez & diſtribuez à chacun des Officiers des cinq Bataillons d'Artillerie, afin que tous s'y conforment, s'inſtruiſent & ſoient capables d'inſtruire leurs Soldats.

Ils demanderont les Materiaux neceſſaires pour toutes les differentes manœuvres des Ecoles : ils donneront un Etat des conſommations qui s'en feront.

Ils feront tous les ans une Tournée pour aller viſiter chaque Bataillon de leur Département, & examiner la maniere dont ſe feront les Ecoles, & ſi ce qu'ils ont ordonné s'exécute avec ſuccés : Ils prendront connoiſſance des

Officiers les plus capables & les plus apliquez pour en rendre compte , afin qu'ils soient récompensez à proportion de leur aplication & de leur habileté. Dans leur Tournée ils auront tous les honneurs de Commandant : Les Lieutenans - Colonels & Capitaines leur obéïront en tout ce qui regarde le service de l'Artillerie.

Le Directeur & l'Inspecteur General, outre le soin dont Sa Majesté les charge pour ce qui regarde les Ecoles , auront aussi Inspection , chacun dans son Département, sur toutes les Forges où se fabriquent les Fers coulez ; Sçavoir, Boulets, Bombes, Grenades & Affuts à Mortier : Ils veilleront à ce que tout soit dans les proportions & poids ordonnez.

Ils auront la même inspection sur toutes les Manufactures d'armes ; Sçavoir, Fusils, Mousquetons, Pistolets, Bayonnettes , &c. chacun dans son Département ; & comme il y a un Officier d'Artillerie établi dans chacune de ces Manufactures , ils se feront rendre compte par luy de la diligence & de l'exactitude de l'Entrepreneur & des Ouvriers , & examineront eux-mêmes si les Armes sont dans les proportions & de la qualité énoncées dans le marché. Fait à Paris le cinquiéme jour de Février mil sept cens vingt. Signé , Le Blanc.

*****

C O P I E

De la Commission de Directeur des Ecoles d'Artillerie en faveur de Monsieur Destouches.

DE PAR LE ROY.

SA Majesté ayant par ses Ordonnances du cinq du present mois de Février, ordonné l'Incorporation du Régiment des Bombardiers, des Campagnies de Canoniers & de Mineurs, dans les cinq Bataillons de son Régiment d'Artillerie, & reglé le Service dudit Régiment, auroit en même tems choisi le Sieur Camus Destouches Maréchal de ses Camps & Armées, pour être Directeur general des Ecoles d'Artillerie, visiter en cette qualité chaque année les Bataillons dudit Régiment qui seront logez en Flandres, Haynault, Picardie & Artois, Champagne Evêchez & Alsace, & s'y employer à tout ce qui luy est prescrit par lesdites Ordonnances, & dans l'Instruction particuliere qu'Elle luy a fait expedier. Sa Majesté ordonne aux Lieutenans - Colonels commandans les Bataillons dudit Régiment Royal Artillerie, aux Capitaines & autres Officiers qui les composent, de reconnoître ledit Sieur Camus Destouches en ladite qualité de Directeur

general desdites Ecoles d'Artillerie, & de luy
obéïr en tout ce qu'il leur ordonnera pour le
Service de l'Artillerie, sans y aporter aucune
difficulté. Mandant Sa Majesté aux Gouverneurs, & à ses Lieutenans Generaux en ses
Armées, Gouverneurs de ses Villes & Places,
aux Intendans en ses Provinces & Armées, &
à tous autres ses Officiers qu'il apartiendra, de
le faire reconnoître pour l'exécution de la
Presente. Fait à Paris le quatorziéme Février
mil sept cens vingt. Signé, LOUIS, *Et
plus bas*, LE BLANC.

SUPPLEMENT —

*A l'Instruction pour les Ecoles des cinq
Bataillons du Régiment Royal Artillerie,
du vingt-troisiéme Juin* 1720.

LEs Canoniers, Bombardiers, Mineurs, &c.
c'est-à-dire, toutes les hautes payes, non-
seulement seront employez à remuer les terres
& à les manier, ainsi qu'il est dit dans l'Instruction ; mais on les occupera aussi aux em-
barquements & débarquements, & à conduire
les Piéces de Canon & les Mortiers à bras
avec la prolonge quand il en sera besoin, &
que le Commandant de l'Ecole le jugera à
propos, non-seulement dans le Parc, & dans
les Arsenaux, mais encore d'un lieu à un autre.

Il eſt neceſſaire qu'ils ſoient inſtruits à ces differentes manœuvres pour les exécuter quand le Service le demande. Il arrive ſouvent qu'on eſt obligé de conduire le Canon à force de bras, ſoit parce que le terrein ne permet pas de ſe ſervir de chevaux (comme par exemple, lorſqu'il eſt queſtion de mettre du Canon ſur le chemin couvert, ou dans quelque ouvrage détaché dont on s'eſt rendu maître) ſoit quand les chevaux manquent à l'Artillerie. Il eſt vray que dans ces cas, le Commandant de l'Artillerie ménage les Canoniers autant qu'il eſt poſſible, & qu'il les employe ſeulement à conduire d'autres Soldats des Troupes commandez pour mener le Canon ; mais il eſt certain que ces Canoniers ne peuvent bien exécuter cette conduite, s'ils ne connoiſſent la manœuvre en l'ayant faite eux-même dans les Ecoles.

Lorſqu'on pourra trouver facilement des chevaux, & qu'il y aura des fonds ſuffiſants pour les payer, ils ſeront ſoulagez de cette peine.

Tout ce qui ſera ordonné par le Commandant de l'Ecole pour le ſervice & la manœuvre d'Artillerie, ſera exécuté ſans difficulté par le Bataillon ; & les Officiers Majors, ainſi que les Capitaines, & Subalternes, répondront de la déſobeïſſance du Soldat dans toutes les occaſions où il s'agira du Service de l'Artillerie, non-ſeulement au Parc, & dans les Arſenaux, mais par tout ailleurs. On fçait affez, que lorfque les Officiers y veulent tenir la main, ils font obéïr le Soldat ; il ne faut point alleguer le rifque de la défertion, le Roy veut des Troupes qui le fervent à fon gré, & qui exécutent les chofes aufquelles elles font deftinées, d'autant plus que la dépenfe que fait Sa Majefté pour les Ecoles, & la paye de ces Bataillons, ne doit pas être infructueufe.

Quand il arrivera quelque défobéïffance ou mutinerie, le Commandant de l'Artillerie, de concert avec le Lieutenant-Colonel & le Major, & fuivant la grandeur & la confequence de la faute, régleront une punition telle qu'ils la jugeront à propos, & capable d'empêcher le Soldat de retomber dans la même faute. Il n'eft pas aifé de régler ces punitions, parce qu'elles doivent être proportionnées à la faute. Le Commandant de l'Ecole & celuy du Bataillon doivent en convenir entr'eux ; cette mutuelle correfpondance pour le bien du Service entre ces deux Officiers principaux eft abfolument neceffaire.

S'il arrive qu'un Soldat tire l'épée, dife des injures ou manque de refpect à un Officier d'Artillerie, il fera traité comme s'il en avoit agi de même à l'égard d'un Officier de fon Bataillon, l'intention du Roy étant que ces deux Corps n'en faffent qu'un ; ainfi le prefent Réglement ne peut faire aucune difficulté.

Un Officier Major du Bataillon ira tous les

jours prendre l'Ordre du Commandant de l'Ecole , & ce même Officier conduira les Travailleurs & en fera la distribution : il donnera audit Commandant , ainsi qu'il est dit dans l'Instruction , le nom des Officiers qui seront commandez. Quoy qu'on donne l'Ordre par écrit , il n'est pas à propos que ce soit un Sergent qui en soit chargé. Le cas du Service de l'Artillerie n'est pas comme celuy de monter la garde , qui est un Service ordinaire & sans aucun détail particulier ny difficile ; dans les differens ordres qui doivent être donnez pour l'Artillerie , il s'en trouve qui demandent le secret , & dont l'exécution n'est pas sans difficulté : & c'est par cette raison qu'il faut que cet Ordre soit reçû par l'Officier Major , & non par un Sergent. L'Ecole étant une image de guerre , il convient que le Service s'y fasse comme il se fait en Campagne ou à un Siége.

On choisira parmy les Officiers de l'Artillerie qui sont payez sur le fonds de l'Ecole , un Commissaire & un Garde du Parc.

Si quelque Capitaine en second , désireux de s'instruire , veut exercer l'employ de Commissaire du Parc , ou quelque Subalterne celuy de Garde du Parc , il le demandera au Commandant de l'Ecole , qui pourra pendant quelque temps luy donner un de ces deux emplois. Il est necessaire d'en charger de tems en tems differens Officiers , afin que chacun en aprenne les fonctions qui font les plus effentielles au Service de l'Artillerie.

Il eft dit dans l'Inftruction, *Qu'il y aura toûjours à l'Ecole de Mathematique un Capitaine en premier qui y prefidera, y maintiendra l'ordre, & veillera à ce que les Subalternes s'apliquent, s'inftruifent, & ecrivent les Cahiers qui leur feront dictez.* On ne croit pas qu'il foit neceffaire d'expliquer que ce Capitaine prefidera à cette Ecole fous l'autorité du Commandant, auquel il rendra compte de ce qui fe fera paffé (lorfque le Commandant n'y aura pas affifté en perfonne,) & l'informera de tout, particulierement des Officiers qui fe feront abfentez; & pour cet effet le Capitaine qui aura prefidé, donnera un billet à l'Officier Major, pour le remettre au Commandant de l'Ecole. L'Officier qui aura manqué à l'Ecole fans caufe legitime, fera puny des Arrêts pour autant de temps que le Commandant de l'Ecole, & le Lieutenant Colonel le jugeront à propos : & ceux qui retomberont plufieurs fois dans la même faute, feront mis en prifon.

Il eft dit par l'Inftruction du 23. Juin 1720. que le Détachement pour le fervice de l'Ecole de pratique, fera de deux cens hommes; mais comme ce n'eft pas l'intention de S. A. R. que les Troupes foient plus fatiguées que de raifon, le Commandant de l'Ecole diminuëra le Détachement, s'il le juge à propos, Sa

Majesté voulant que les Troupes d'Artillerie
fassent le service de la Place pour un demy
Bataillon, cet ordre doit être exécuté inviolablement, & le Détachement pour la Place
sera pris par préference, aprés quoy on fera
les Détachemens pour l'Ecole de pratique trois
fois la semaine à proportion de ce qui restera,
& de la force du Bataillon; en sorte que chacun des Soldats Aprentifs ne soit de service
que de trois jours l'un. Cet Article ne regarde
point les hautes payes, lesquelles étant exemp-
tes du service de la Place, & ne faisant celuy
de l'Ecole que trois fois la semaine, fourniront
par chacune de ces Ecoles jusqu'à cent cinquante hommes, quoyque par l'Instruction, il
soit dit, que le Détachement sera de six Escoüades de Canoniers, Bombardiers, Sapeurs,
Mineurs & Ouvriers, ce qui ne fait que cent
hommes compris les Sergens & Tambours, les
Escoüades de Canoniers Bombardiers, étant
doubles, ces hautes payes auront encore trois
jours & plus de repos sur quatre, & ne pourront se plaindre d'être trop fatiguées.

S'il survenoit quelque difficulté au sujet de
l'Artillerie, & du service de l'Ecole, qui ne
fût pas éclaircie dans l'Ordonnance, qui régle
le service des Bataillons d'Artillerie, du cinq
Février 1720. dans les Instructions dattées du
même jour, & du 23. Juin, ou dans le present Memoire qui leur sert de Suplément, le
Commandant de l'Ecole, & celuy du Bataillon,

s'adresseront à Messieurs Destouches & de Valliere, suivant le Département où ils se trouveront, lesquels en qualité de Directeur & d'Inspecteur generaux desdites Ecoles, en verront leur décision. Mais il est bon de répeter encore que le Commandant de l'Ecole doit être obéy jusqu'à cette décision, en tout ce qu'il commandera pour le service de ladite Ecole, non-seulement au Parc & dans les Arsenaux, mais par tout ailleurs ; que les Officiers, Sergens, Hautes payes & Aprentifs, doivent regarder ce Commandant dans tout ce qui concerne l'Artillerie, comme leur propre Lieutenant Colonel. Telle est l'intention du Roy, & de S. A. R. à laquelle il est necessaire de se conformer. Fait & arrêté par Nous Directeur & Inspecteur generaux des Ecoles & Instruction des Bataillons du Régiment Royal Artillerie, à Paris le vingt-neuviéme Octobre mil sept cens vingt.

Signé, CAMUS DESTOUCHES. & VALLIERE.

COPIE

De la Lettre de M. Le Blanc à Mr. de Certemont du 28. Novembre 1720. fur le refus qu'a fait Mondit-Sieur de Certemont, Commandant le Bataillon de Royal Artillerie à Strasbourg, de recevoir le Supplément aux Inftructions de Mrs. Deftouches & de Valliere, Directeur & Infpecteur des Ecoles d'Artillerie.

J'Ay reçû, MONSIEUR, vôtre Lettre du huit de ce mois, avec la Copie du Supplément à l'Inftruction des Ecoles, qui vous a été envoyé par Meffieurs Deftouches, & de Valliere : Je commenceray par vous dire que l'intention de Son Alteffe Royale eft, que les Officiers tant de l'Artillerie que du Régiment Royal Artillerie fe conforment fans difficulté à ce que ces Meffieurs jugent convenable pour le Service ; & j'ajoûteray que vous n'auriez pas dû employer quelques-uns des termes qui font dans vôtre Lettre, & que vous devez en toutes occafions contenir ceux qui font fous vos ordres, en cas qu'ils s'oubliaffent dans leurs difcours fur ce qui eft prefcrit par les Inftructions.

A l'égard

'A l'égard de vos difficultez particulieres
avec Monsieur de Jaunay, l'Ordonnance du
13. Decembre 1686. dont je joins un Extrait
à cette Lettre, me paroît absolument contraire
à vos prétentions. Celles du 15. Avril 1693.
& du 5. Novembre 1695. ne vous sont pas plus
favorables ; & enfin, toutes les dispositions
de ces anciennes Ordonnances sont rapellées
dans celle du 5. Février 1720. ainsi je n'ay
rien à vous ajoûter, & je finis en vous répe-
tant que Son Altesse Royale ne peut être satis-
faite de vos Services qu'autant que vous apor-
terez d'attention à vous conformer à ses intentions, qui est d'éteindre l'espece d'oposition
qu'il y a toûjours eu entre les Officiers d'Artillerie, & ceux des Bataillons employez au
Service de l'Artillerie. Je suis, Monsieur, &c.
Signé, LE BLANC.

ORDONNANCE DU ROY,

Pour régler le Service de l'Artillerie dans les Armées, dans les Places & aux Ecoles; le Rang que doivent tenir les Officiers des cinq Bataillons du Régiment Royal Artillerie, avec les Officiers de l'Artillerie; Et prévenir les difficultez qui pourroient survenir entre eux dans les occasions de Service.

Du 22. May 1722.

DE PAR LE ROY.

SA MAJESTE' étant informée des contestations qui sont arrivées & arrivent souvent entre les Officiers de son Artillerie, & ceux des cinq Bataillons de son Régiment Royal Artillerie, tant dans ses Armées, & dans les Places, qu'aux Ecoles établies pour leur Instruction; Et voulant y remedier & prévenir celles qui pourroient arriver, attendu le préjudice notable qu'elles porteroient à son Service: Elle s'est fait representer les anciennes Ordonnances renduës sur le service de l'Ar-

tillerie, les 13. Decembre 1686. 15. Avril 1693.
& 15 Novembre 1695. celles du 5. Février
1720. Ensemble les Instructions qu'Elle a fait
dresser les 5. Février, 23. Juin & 29. Octobre
1720. pour le service des Ecoles d'Artillerie. Et
Sa Majesté étant informé que ces Ordonnances & Instructions n'ont pas eu leur entiere
exécution, & voulant y pourvoir; Sa Majesté
de l'avis de Monsieur le Duc d'Orleans Regent,
a ordonné & ordonne.

ARTICLE PREMIER.

Que les susdites Ordonnances & Instructions seront suivies & observées en tout ce
qui ne se trouve point contraire à la Presente,
laquelle y servira de suplément.

I I.

Que les Lieutenans - Colonels, Officiers,
Sergens & Soldats de son Régiment Royal Artillerie, obéissent en ce qui regarde le Service de
l'Artillerie, à ceux que le Grand - Maître de
l'Artillerie aura commis pour la commander en
chef, non-seulement dans les Armées & dans
les Places, mais aussi dans les Ecoles ; Et en
l'absence du Chef, à ceux qui y commanderont en second, & en troisiéme.

I I I.

Que les Lieutenans-Colonels dudit Régiment tiennent Rang de Lieutenans d'Artillerie,
& en obtiennent des Provisions du Grand-
Maître.

I V.

Que les deux premiers Capitaines de chacun des Bataillons dudit Régiment , tiennent
Rang de Commiſſaires Provinciaux de l'Artillerie , & ſoient pourvûs d'une Commiſſion du
Grand-Maître à cet effet ; Lequel pourra d'ailleurs donner de pareilles Commiſſions aux
Officiers de ces Bataillons , qu'il en jugera
dignes.

V.

Que tous les autres Officiers dudit Régiment ſuivent les anciennes Ordonnances pour
le Rang qu'ils doivent tenir avec les Officiers
de l'Artillerie , & que le Service de l'Artillerie
ſe faſſe entr'eux , ſuivant la datte des Commiſſions qu'ils auront de Sa Majeſté dans ledit
Régiment , & du Grand-Maître ; Qu'ils rou-
lent enſemble ſur ce pied-là , en ſorte qu'ils
deviennent un ſeul Corps , en ce qui concerne le Service de l'Artillerie , de même que
ſi les Officiers d'Artillerie étoient du Corps
dudit Régiment , & les Officiers du Régiment
du Corps de l'Artillerie.

V I.

Comme dans les anciennes Ordonnances il
n'a point été pourvû au rang des Officiers-
Pointeurs & Aydes du Parc de l'Artillerie ; Sa
Majeſté dérogeant en cela à l'Ordonnance du
15. Avril 1693. Veut & entend qu'à l'avenir
les Lieutenans dudit Régiment , ſeulement ,
ayent Rang de Commiſſaires Extraordinaires de

l'Artillerie ; Les Sous - Lieutenants le rang
d'Officiers-Pointeurs. Et à l'égard des Aydes
du Parc de l'Artillerie, ils feront fuprimez,
& employez dorênavant fous le nom d'Officiers
Pointeurs.

V I I.

Tous les Officiers dudit Régiment feront
obligez de fe pourvoir des Commiffions du
Grand-Maître , Sa Majefté confirmant à cet
égard l'Ordonnance du 15. Avril 1693.

V I I I.

Tout ce qui fera ordonné pour le fervice
des Ecoles d'Artillerie, par les Commandans
des Ecoles, ou en leur abfence par les Commandans en fecond ou en troifiéme , fera
exécuté fur le champ ; Et fi les Lieutenans-
Colonels, ou Capitaines dudit Régiment ont
des reprefentations à faire, ils s'adrefferont au
Grand-Maître de l'Artillerie, & au Directeur
ou Infpecteur General du Département où l'E-
cole fe trouvera, lorfqu'ils feront fur les lieux,
lefquels leur feront fçavoir les intentions du
Grand-Maître de l'Artillerie ; mais ils com-
menceront par obéïr.

I X.

Les Rangs que les Officiers d'Artillerie doivent tenir avec ceux du Régiment Royal Artillerie, étant réglez par les précedentes Ordonnances, & par la prefente, lefdits Officiers
d'Artillerie feront reconnus, chacun fuivant fa
Commiffion', pour ce qui concerne uniquement

le service de l'Artillerie, à la tête dudit Régiment, d'un Bataillon, ou d'un Détachement, selon l'occasion, à l'Armée, dans les Places & aux Ecoles, afin qu'aucun Officier ny Soldat dudit Régiment ne puisse l'ignorer.

X.

Sa Majesté voulant par toute sorte de moyens, unir ces deux Corps, & n'en faire qu'un; Son intention est, que le Grand Maître de l'Artillerie ordonne à chacun des Officiers d'Artillerie revêtu de sa Commission, Lieutenans, Commissaires & Officiers-Pointeurs, d'avoir l'habit uniforme du Régiment Royal Artillerie, afin que le Soldat s'accoûtume encore d'avantage à regarder les Officiers d'Artillerie comme ses propres Officiers, & qu'il n'ait aucun lieu d'ignorer l'obéissance qu'il leur doit en cette qualité, dans les occasions du service de l'Artillerie.

X I.

Sa Majesté a confirmé & confirme ce qui est dit dans les Instructions; Sçavoir, que s'il arrive qu'un Soldat de son Régiment Royal Artillerie tire l'épée, dise des injures, ou manque d'obéissance & de respect à un Officier d'Artillerie dans le lieu où il sera employé, soit aux Ecoles, dans les Places ou à l'Armée, & dans les occasions du service de l'Artillerie, il sera puni comme s'il en avoit agi de même à l'égard d'un Officier de son Bataillon, & jugé suivant toute la rigueur des Ordonnances du

Roy à ce sujet, par le Conseil de Guerre assemblé à cet effet, chez le Gouverneur ou Commandant de la Place, & à l'Armée chez le Commandant en chef de l'Artillerie; lequel Conseil de Guerre sera composé de deux tiers d'Officiers du Régiment, & l'autre tiers d'Officiers de l'Artillerie. Enjoint Sa Majesté aux Commandans des Bataillons de faire faire lecture de cet Article de l'Ordonnance les jours de Revûës, à ce qu'aucun Soldat n'en ignore.

X I I.

Lorsqu'un Officier dudit Régiment aura manqué à son devoir dans le service de l'Artillerie aux Ecoles, qu'il meritera les Arrêts, ou quelqu'autre punition, le Commandant de l'Ecole s'adressera au Capitaine qui commandera le Détachement à l'Ecole de pratique, ou à celuy qui présidera à l'Ecole de Mathématiques, pour la punition meritée, ainsi que pour envoyer un Soldat au Corps de Garde ou en Prison. Mais s'il y a contestation à ce sujet, ce que le Commandant de l'Ecole ordonnera sera exécuté, & permis au Lieutenant-Colonel ou Capitaine de faire ses réprésentations au Grand-Maître de l'Artillerie, ou aux Directeur ou Inspecteur Generaux, lorsqu'ils seront sur les lieux, lesquels en informeront le Grand-Maître.

X I I I.

Un Officier-Major dudit Régiment ira tous les jours prendre l'ordre du Commandant de l'Ecole, & du Commandant de l'Artillerie à l'Armée ; Et un Sergent du Bataillon portera chaque jour le mot aux deux Commandans en fecond des Ecoles, dans les Places où elles font établies.

X I V.

Dans le fervice des Batteries à l'Armée, ou aux Ecoles, & dans les occafions de fervice d'Artillerie dans les Places, le plus ancien des Officiers de l'Artillerie, ou des Bataillons, choifira fon pofte de droite ou de gauche, fans aucun égard aux prérogatives prétenduës par ceux de Royal Artillerie fur les Officiers de l'Artillerie, puifqu'ils ne font qu'un même Corps pour le fervice de l'Artillerie, & cette ancienneté fe prendra de la datte de Commiffion que les uns & les autres auront du Roy & du Grand-Maître, lequel fera expedier fes Commiffions aux Officiers du Régiment, du jour de celles qu'ils auront de Sa Majefté.

X V.

Le Commandant de l'Ecole pourra, quand il le jugera à propos, fe mettre à la tête du Bataillon qui fera employé à l'Ecole qu'il commandera, ainfi qu'il fe pratique dans les Armées de Sa Majefté, fuivant l'Ordonnance du 25. Novembre 1695.

X V I.

Tout Officier d'Artillerie commandé, pourra de même fe mettre à la tête du Détachement qui fera avec luy pour le fervice de l'Artillerie, s'il se trouve plus ancien que l'Officier du Régiment Royal Artillerie qui sera détaché.

X V I I.

Les Commandans en Chef des Ecoles, auront dans les lieux où elles sont établies, les mêmes honneurs que les Lieutenans Colonels desdits Bataillons; Et ceux qui seront honorez du grade de Brigadier ou autre superieur, recevront les mêmes honneurs qui sont dûs aux Officiers de leur caractere, lorsqu'ils sont employez sur la Frontiere, ou qu'ils se trouvent de Piquet, ou de jour dans les Armées.

X V I I I.

L'Escoüade des Ouvriers de chaque Compagnie dudit Régiment, sera composée inviolablement d'hommes, sçachant un mêtier propre à l'Artillerie; Il y sera tenu la main par les Directeur & Inspecteur Generaux des Ecoles, que Sa Majesté en charge expreslément, lorsqu'ils feront leurs Revüës ; Ordonnant aux Commandans, Majors & Ayde-Majors de chaque Bataillon, & aux Commissaires des Guerres d'exécuter à la lettre ce qui est dit à ce sujet dans l'Ordonnance du 25. Novembre 1695. & sur les peines y portées ; Et étant necessaire que dans l'Escoüade de Sapeurs-Mineurs, il y ait des Charpentiers, Forgeurs, Tailleurs de pierre & Maçons, ces differens mêtiers entrant dans le travail des Sappes & des Mines, Sa Majesté veut & entend que la moitié de l'Escoüade desdits Sapeurs-Mineurs soit compofée d'Ouvriers des mêtiers qu'on vient de dire , & le Major du Bataillon fera tenu de remettre au Commiffaire des Guerres, à chaque Revûë , un Etat de luy certifié defd. Ouvriers & de leurs differens mêtiers.

X I X.

Sa Majefté ordonne aux Directeur & Infpecteur Generaux des Ecoles , de fe faire donner le nom de tous les Canoniers - Bombardiers , Sapeurs-Mineurs , Ouvriers & Aprentifs à la paye de fix fols fix deniers , pour fe les faire reprefenter aux Revûës ; Et deffend aux Capitaines de leur donner des Congez abfolus , à moins qu'ils ne foient entierement hors d'état de fervir , à peine d'être privez de leurs Charges ; Et ces Congez ne feront point valables qu'ils ne foient vifez du Meftre de Camp Lieutenant dudit Régiment.

X X.

L'Exercice du Canon , des Mortiers & des Pierriers aux Ecoles d'Artillerie , (lequel fe fera toûjours dans le même ordre , & dans les mêmes termes portez par lefdites Inftructions) fera toûjours commandé de droit par les Majors , ou les Ayde - Majors dudit Régiment. Mais (ce droit étably) les Commandans des Ecoles pourront de temps en temps , & lorfqu'ils le jugeront à propos , le faire commander par un Officier de l'Artillerie , ou un autre du Régiment , pour les y inftruire eux-mêmes , les Majors , ou Ayde-Majors ne pouvant fe trouver dans toutes les occasions où il seroit necessaire de faire faire ce Service.

X X I.

Le Commandant de l'Ecole fixera le nombre de Soldats qui seront commandez pour l'Ecole de Pratique, & il se reglera pour cela sur la force du Bataillon, dont le Major luy donnera un état. Ce Commandant précomptera ce qui sera necessaire pour le service de la Place, lequel suivant l'Ordonnance de 1710 ne doit se faire que pour un demy Bataillon & par les Aprentifs seulement. Il disposera du reste, sur le pied d'un jour de travail, & trois de repos. Le Détachement ne partira point des Cazernes, ou lieu d'Assemblée, qu'il ne soit suffisamment garni d'Officiers qui le conduiront au lieu indiqué par le Commandant de l'Ecole, où se feront par le Major ou Ayde-Major du Bataillon les Détachemens necessaires pour l'exécution de ce qui aura été ordonné.

X X I I.

L'Exercice du Canon, des Mortiers & Pierriers, des Sappes & des Mines, pourra être interrompu suivant la saison & le climat des lieux où les Ecoles seront établies, selon que les Commandans le jugeront à propos : Et dans ce cas là ils pourront augmenter d'un jour par semaine l'Ecole de Théorie, observant d'en rendre compte au Grand-Maître de l'Artillerie, & aux Directeur & Inspecteur Generaux desdites Ecoles.

XXIII.

Sa Majesté confirme tout ce qui est porté par les susdites Ordonnances & Instructions renduës au sujet de l'Artillerie, & du Régiment Royal Artillerie, en tout ce qui n'est point contraire à la presente. Elle veut & entend qu'il soit exécuté, & que s'il arrive dans la suite quelque sujet de contestation qui ne soit pas réglé dans les susdites Ordonnances, dans la presente, ny dans les Instructions, les Commandans des Ecoles, & les Lieutenans-Colonels s'adressent au Grand-Maître de l'Artillerie, & aux Directeur ou Inspecteur desdites Ecoles, pour être informez par eux de ce que le Grand-Maître aura décidé ; Observant au préalable, de commencer toûjours par obéïr aux Commandans de l'Artillerie, soit dans les Armées, dans les Places & aux Ecoles, en ce qui concernera le Service de l'Artillerie.

XXIV.

N'entend cependant Sa Majesté que lesdits Rangs qu'Elle a accordez & accorde par les précedentes Ordonnances, & par la presente, aux Officiers de son Artillerie, avec ceux dudit Régiment, leur donnent aucun droit de commander les Officiers ou Soldats dudit Régiment, dans les occasions qui ne concerneront pas le Service de l'Artillerie : Comme sont le service de la Place, la discipline & l'entretien des Compagnies, le choix des Soldats, le complet, la nomination aux Emplois, les Congez, &c.

ny de s'en mêler en façon quelconque, Sa Majesté en laissant le soin aux Lieutenans-Colonels, sous l'autorité du Colonel General de l'Infanterie, & de leur Mestre de Camp-Lieutenant.

X X V.

Sa Majesté n'ayant pas suffisamment marqué ses intentions par sesdites Ordonnances du 5. Février 1720. pour le remplacement des Officiers dans les Charges du Régiment Royal Artillerie, ordonne que lorsqu'il vacquera dans un des cinq Bataillons dudit Régiment, une Compagnie, une place de Capitaine en second, de Lieutenant en premier ou en second, ou de Sous-Lieutenant ; Le Mestre de Camp-Lieutenant y propose un Officier du même Bataillon, suivant son rang ; Mais que lorsqu'il vacquera une des cinq Lieutenances-Colonelles, le plus ancien Capitaine de tout le Régiment y monte, quoyqu'il ne fût pas Capitaine dans le Bataillon, où la Lieutenance-Colonelle vacquera.

X X V I.

L'habillement dudit Régiment sera dorénavant de bleu, doublé de rouge, avec des boutons de cuivre, & la veste rouge.

X X V I I.

Les Lieutenans-Colonels des Bataillons envoyeront directement à leur Mestre de Camp-Lieutenant, les Memoires pour proposer aux Emplois vacants.

XXVIII.

Les Directeur & Inspecteur Generaux des Ecoles d'Artillerie, exerceront sous l'autorité du Grand-Maître de l'Artillerie, leur inspection sur lesdites Ecoles.

Mande & ordonne Sa Majesté à Monsieur le Duc du Maine, Grand-Maître de son Artillerie, aux Gouverneurs & ses Lieutenans Generaux dans ses Provinces & Armées, aux Gouverneurs & Commandans dans les Places, aux Intendans dans sesdites Provinces, aux Directeurs & Inspecteurs Generaux de son Infanterie, aux Directeur & Inspecteur Generaux des Ecoles d'Artillerie, & aux Commissaires des Guerres, de tenir la main à l'exacte observation de la Presente. Fait à Paris le vingt-deuxiéme jour de May mil sept cens vingt-deux. Signé, LOUIS, *Et plus bas,* LE BLANC.

ORDONNANCE
DU ROY,

Portant peine de mort contre les Soldats &
tous autres Particuliers qui seront convain-
cus d'avoir volé des Piéces & Munitions
d'Artillerie.

Du 18. Septembre 1723.

DE PAR LE ROY.

SA Majesté étant informée que bien que la
peine de mort soit generalement décernée
par les Ordonnances du Royaume contre ceux
qui se trouvent atteints & convaincus du crime
de vol, il arrive cependant que lorsque des
Soldats ou autres volent des poudres, plombs
& autres munitions ou piéces d'Artillerie, &
que le procez est porté à un Conseil de Guerre,
les Officiers qui le composent font difficulté
de les condamner à cette peine, sous prétexte
que par les Ordonnances Militaires elle n'est
point nommément spécifiée à l'égard de ceux
qui s'en trouvent convaincus; à quoy Sa Majesté jugeant necessaire de pourvoir, & régler
en même temps la forme des Conseils de Guerre

qui feront tenus dans ces fortes de cas : Sa
Majefté a ordonné & ordonne que tous Soldats,
Cavaliers & Dragons, & tous autres particuliers de quelque qualité qu'ils foient , qui fe
trouveront à l'avenir convaincus d'avoir volé
des piéces & munitions d'Artillerie, foit dans
les Parcs de ladite Artillerie, dans les Armées,
dans les Arfenaux , Magafins & dépofts des
Places, ou dans les tranfports qui s'en feront
d'un lieu à un autre , foient punis de mort.
Veut Sa Majefté que fur les informations qui
feront faites par le Prevôt de l'Artillerie dans
les Armées , & dans les Places par les Majors
d'icelles , contre ceux qui feront prévenus dud.
crime, leur procés foit jugé par un Confeil
de Guerre qui fera affemblé à cet effet ; Voulant Sa Majefté que les Confeils de Guerre qui
fe tiendront dans fes Armées pour le Jugement
dudit crime, foient affemblez chez le Commandant de l'Artillerie & compofez pour les
deux tiers des Capitaines de fon Régiment
Royal-Artillerie, & pour l'autre tiers des Officiers employez à la fuite d'icelle ; Et que ceux
qui fe tiendront dans les Places, foient compofez des Officiers de la Garnifon & des Lieutenans & Commiffaires d'Artillerie qui s'y trouveront employez. Mande & ordonne Sa Majefté
à Monfieur le Duc du Maine , Grand-Maître
de l'Artillerie, aux Lieutenans Generaux des
Provinces & Armées de Sa Majefté, Intendans
en icelles, Gouverneurs particuliers de fes Villes

&

& Places, & tous autres ses Officiers & Sujets qu'il apartiendra, de s'employer & tenir la main, chacun en ce qui le concerne, à l'exécution de la presente, laquelle Sa Majesté veut être lûë & publiée à la tête de ses Troupes, & affichée par tout où il apartiendra, à ce qu'aucun n'en prétende cause d'ignorance. Fait à Versailles le dix-huitiéme jour de Septembre mil sept cens vingt-trois. Signé, LOUIS. *Et plus bas*, DE BRETEÜIL.

ORDONNANCE
DU ROY,

Portant que tous les Jardins & Arbres fruitiers qui se trouvent dans l'enceinte des Magasins à Poudre, seront totalement détruits dans un mois pour tout délay.

Du 26. Avril 1724.

DE PAR LE ROY.

SA Majesté étant informée que dans plusieurs de ses Places, l'enceinte des Magasins à poudre sert à planter des Legumes & des Arbres fruitiers, ce qui donne souvent occa-

fion à beaucoup de perſonnes d'y entrer, même
avec du feu, ſans en connoître le danger : Et
Sa Majeſté déſirant prévenir les accidens qui
en pourroient arriver, Elle a ordonné & ordonne, veut & entend, que dans un mois
pour tout délay, les Jardins & Arbres fruitiers
qui ſe trouvent dans l'enceinte des Magaſins à
poudre, ſeront totalement détruits, deffendant
trés expreſſément Sa Majeſté aux Commandans
dans ſes Places, aux autres Officiers de ſes Etats
Majors, à ceux de l'Artillerie, Gardes-Magaſins,
& autres qui y ſont ou y ſeront employez, de
ſouffrir qu'il y ſoit planté des Légumes ny des
Arbres, & d'y laiſſer entrer aucunes perſonnes ſans y être neceſſaires pour ſon Service.
Mande & ordonne Sa Majeſté à Monſieur le
Duc du Maine, Grand-Maître de l'Artillerie
de France, aux Gouverneurs & ſes Lieutenans
Generaux en ſes Provinces & Armées, aux
Gouverneurs particuliers ou Commandans dans
ſes Places, & à tous Officiers d'Artillerie, de
tenir la main, chacun ainſi qu'il apartiendra,
à l'exacte obſervation de la preſente, laquelle
Sa Majeſté veut être publiée & affichée par
tout où beſoin ſera, afin qu'on n'en puiſſe prétendre cauſe d'ignorance. Fait à Verſailles le
vingt-ſix Avril mil ſept cens vingt-quatre.
Signé, LOUIS. *Et plus bas*, DE BRETEÜIL.

ORDONNANCE
DU ROY,

Portant un nouveau Réglement, tant pour la Solde que pour la Composition du Régiment Royal-Artillerie.

Du premier Juillet 1729.

DE PAR LE ROY.

SA Majesté s'étant fait representer son Ordonnance du 5. Février 1720. concernant la solde & la composition du Régiment Royal-Artillerie; & jugeant à propos pour le bien de son service, d'y faire quelques changemens, Sa Majesté en dérogeant à ladite Ordonnance, pour ce qui est contraire à la presente, a ordonné & ordonne,

Que ledit Régiment formera cinq Bataillons, qui seront repartis sur les Frontieres, ou dans differentes Armées, ainsi qu'il s'est pratiqué par le passé; chaque Bataillon composé de huit Compagnies, dont une de Sapeurs, cinq de Canonniers, & deux de Bombardiers, de soixante-dix hommes chacune, les Officiers non compris; sçavoir, un Capitaine, un Capitaine en second, deux Lieutenans, deux Sous-Lieutenans, quatre Sergens, quatre Caporaux, quatre Anspessades, deux Cadets, dix-huit Sapeurs dans chaque Compagnie de Sapeurs, dix-huit Bombardiers dans chaque Compagnie de Bombardiers, dix-huit Canonniers dans chaque Compagnie de Canonniers, trente-six Aprentifs, & deux Tambours, de chaque espece.

Qu'il sera formé cinq Compagnies de Mineurs, & cinq d'Ouvriers, pour servir separément ou avec lesdits Bataillons, chaque Compagnie de Mineurs composée de cinquante hommes ; sçavoir, un Capitaine, deux Lieutenans, deux Sous-Lieutenans, trois Sergens, trois Caporaux, trois Anspessades, deux Cadets, seize Mineurs, vingt-deux Aprentifs & un Tambour : & chaque Compagnie d'Ouvriers, de quarante hommes; sçavoir, un Capitaine Chef d'Ouvriers, un Lieutenant, trois Maîtres Ouvriers, trois Sous-Maîtres Ouvriers, vingt-cinq Ouvriers, huit Aprentifs, & un Tambour.

Que chaque Bataillon aura un Etat Major ; composé du Lieutenant-Colonel, un Major, un Ayde-Major, un Aumônier, & un Chirurgien Major ; observant que le Major & l'Ayde-Major ne pourront avoir d'autres emplois dans ledit Régiment.

Sa Majesté ordonne que lorsque les Charges de Capitaine en second des Compagnies de Sapeurs, Bombardiers & Canonniers viendront

à vaquer par leur mort, promotion, ou abandonnement, elles ne soient point remplacées,
jugeant le nombre de cinq Officiers suffisant
pour commander soixante-dix hommes dont
lesdites Compagnies seront composées.

Qu'à commencer du jour que chaque Bataillon aura été formé sur le pied de la presente
Ordonnance, il sera payé au Capitaine de
chaque Compagnie de Sapeurs, Bombardiers
& Canonniers qui composeront lesdits cinq
Bataillons, six livres un sol six deniers par
jour pour ses apointemens ; trois livres au
Capitaine en second ; cinquante sols au premier
Lieutenant ; quarante sols au second Lieutenant ;
trente sols à chaque Sous-Lieutenant ; vingt
sols six deniers à chaque Sergent ; quatorze
sols six deniers à chaque Caporal ; onze sols six
deniers à chaque Anspessade ; douze sols à
chaque Cadet ; neuf sols six deniers à chaque
Sapeur, Bombardier, Canonnier ou Tambour ;
six sols six deniers à chacun des neuf Aprentifs ;
cinq sols six deniers à chacun des vingt-sept
autres ; & cinq sols six deniers pour chacune
des payes de gratification que le Roy accorde
au Capitaine, qui en recevra sept, sa Compagnie étant à soixante-sept hommes, & au-dessus,
jusqu'à soixante-dix, les Officiers non compris ;
six payes à soixante-cinq & soixante-six ; cinq
à soixante-trois & soixante-quatre ; quatre à
soixante-un & soixante-deux ; trois à cinquante-
neuf & soixante ; deux à cinquante-sept &

cinquante-huit ; & une seulement à cinquante-
cinq & cinquante-six ; le Capitaine ne devant
avoir aucune paye de gratification, sa Compagnie se trouvant au-dessous dudit nombre de
cinquante-cinq hommes sans les Officiers.

L'État Major de chacun desdits cinq Bataillons sera payé à raison de cinq livres par jour
au Lieutenant-Colonel, outre ses apointemens
de Capitaine ; de six livres au Major ; cinq
livres à l'Ayde-Major, & de dix sols à chacun
des Aumônier & Chirurgien.

Le Capitaine de chacune des cinq Compagnies de Mineurs sera payé à raison de six livres
douze sols six deniers par jour ; de cinquante
sols au premier Lieutenant ; quarante sols au
second Lieutenant ; trente sols à chaque Sous-
Lieutenant ; vingt sols six deniers à chaque
Sergent ; quatorze sols six deniers à chaque
Caporal ; onze sols six deniers à chaque Anspessade ; douze sols à chacun Cadet ; dix sols
six deniers à chaque Mineur ; sept sols à chacun
des onze Aprentifs ; cinq sols six deniers à
chacun des onze autres Aprentifs ; neuf sols
six deniers au Tambour ; & cinq sols six deniers
pour chacune des cinq payes de gratification
que le Roy accorde au Capitaine, lorsque sa
Compagnie sera de quarante-sept hommes, &
au-dessus jusqu'à cinquante, les Officiers non
compris ; quatre à quarante-cinq & quarante-
six ; trois payes à quarante-trois & quarante-
quatre ; deux à quarante-un & quarante-deux ;

une seulement à quarante, & rien au-dessous dudit nombre.

Chaque Compagnie d'Ouvriers sera payée à raison de six livres par jour au Capitaine ; quarante sols au Lieutenant ; vingt sols à chacun des trois Maîtres Ouvriers ; dix-huit sols à chaque sous-Maître Ouvrier ; quinze sols à chacun des seize Ouvriers ; douze sols à chacun des neuf autres ; dix sols à chaque Aprentif ou Tambour ; & pareille somme de dix sols pour chacune des quatre payes de gratification que le Roy accorde au Capitaine sa Compagnie étant de trente-huit hommes, & au-dessus jusqu'à quarante ; trois desdites payes à trente-six & trente-sept ; deux à trente-quatre & trente-cinq ; & une seulement à trente-trois ; sans que le Capitaine puisse prétendre aucune paye de gratification, sa Compagnie étant au-dessous dudit nombre de trente-trois sans les Officiers.

Les Capitaines & Lieutenans des Compagnies d'Ouvriers auront rang suivant la date de leurs Commissions, avec les Officiers dud. Régiment de même grade, & avec ceux des Compagnies de Mineurs ; & auront pareillement rang avec les autres Troupes, sur le même pied que les Officiers du Régiment Royal-Artillerie.

Il sera payé cinq livres par jour au Mestre de Camp-Lieutenant ; sçavoir, cinquante-cinq sols pour ses apointemens en ladite qualité, & quarante-cinq sols pour luy tenir lieu de la

Prevôté qui étoit cy-devant entretenuë dans ledit Régiment, que Sa Majesté a jugé à propos de suprimer, ainsi que le Maréchal des Logis.

Outre la solde cy-dessus reglée, Sa Majesté accorde vingt deniers par jour pour chaque Sergent, Maître Ouvrier, & dix deniers pour chaque Caporal, Anspessade, Sous-Maître Ouvrier, Cadet, Sapeur, Bombardier, Canonnier, Mineur, Ouvrier & Tambour, qui formeront une masse toûjours complette; laquelle demeurera entre les mains du Trésorier, qui en donnera sa reconnoissance à la fin de chaque mois à l'Officier chargé du détail, pour être employée sur la main-levée du Directeur des Ecoles d'Artillerie, à l'habillement desdits Bataillons & Compagnies.

Sa Majesté voulant distinguer l'habillement des Compagnies de Mineurs & d'Ouvriers, de celuy des Compagnies de Sapeurs, Bombardiers & Canonniers, qui continuëront à être armées & vêtuës comme elles sont actuellement; Elle ordonne que lesdites Compagnies de Mineurs porteront dorénavant un juste-au-corps bleu, doublé de rouge, avec une veste gris de fer, & pour armes un fusil, un pistolet de ceinture, & un sabre recourbé pendu à un ceinturon de buffle; & chaque Compagnie d'Ouvriers un juste-au-corps gris de fer doublé de bleu, avec les manches en amadis, la veste aussi gris de fer, un mousqueton, avec une longue & large bayonnette, & un ceinturon de buffle.

L'intention de sa Majesté est qu'aprés la refonte des Bataillons faite, les Soldats qui se trouveront surnumeraires soient incorporez avec leurs habits & épées seulement, en l'état qu'ils se trouveront, dans les Bataillons d'Infanterie Françoise de la même garnison qui en auront besoin, ou dans celles qui en seront les plus voisines, pour continuer à y servir le temps porté par leurs engagemens ; avec défenses de les quitter sans Congé, sur peine d'être traitez comme déserteurs : Voulant Sa Majesté que le reste de leur armement soit déposé dans ses Magasins, par les soins des Commissaires des Guerres ; observant de congedier préalablement ceux dont les Congez limitez seront expirez, ou qui étant prés d'expirer, ne seroient pas en volonté de les renouveller.

L'Etape n'étant point fournie aux Recrûës desdits Bataillons & Compagnies, Sa Majesté pour indemniser les Capitaines & leur en tenir lieu, leur accorde ; sçavoir, deux cens quatre-vingt livres par an à chaque Capitaine de Sapeurs, Bombardiers & Canonniers, dont les Compagnies sont de soixante-dix hommes ; deux cens livres à chaque Capitaine de Mineurs, & cent soixante livres à chaque Capitaine d'Ouvriers.

Au moyen de la solde cy-dessus reglée pour les Sergens, Caporaux, Anspessades, Canonniers, Bombardiers, Sapeurs, Mineurs, Ouvriers & Tambours, qui leur fera payée à chaque Prêt, fans aucune retenuë, ils doivent s'entretenir de linge & de chauffure.

Les apointemens qui ont été confervez aux Officiers, Sergens, Cadets ou Mineurs, jufqu'à ce qu'ils parviennent à des grades équivalens à la folde qu'ils avoient avant l'incorporation du Régiment des Bombardiers & des Compagnies de Mineurs, dans les cinq Bataillons dudit Régiment Royal-Artillerie, continuëront à être payez conformément à l'Ordonnance du 10. Decembre 1727.

Mande & ordonne Sa Majefté à Monfieur le Duc du Maine, Grand-Maître & Capitaine general de l'Artillerie de France, aux Gouverneurs & Lieutenans generaux dans fes Provinces, aux Intendans en fefdites Provinces, au Directeur des Ecoles de l'Artillerie, aux Commiffaires des Guerres, & à tous autres fes Officiers qu'il apartiendra, de tenir la main à l'exécution de la prefente. Fait à Marly le premier Juillet mil fept cens vingt-neuf. Signé, LOUIS. *Et plus bas*, BAÜYN.

LOUIS AUGUSTE DE BOURBON,

Duc du Maine, Prince legitimé de France; par la grace de Dieu, Prince Souverain de Dombes, Comte d'Eu, Duc Daumale, Commandeur des Ordres du Roy, Colonel general des Suisses & Grisons, Gouverneur & Lieutenant general pour Sa Majesté dans ses Provinces du haut & bas Languedoc, Grand - Maître & Capitaine general de l'Artillerie de France.

VEU par Nous l'Ordonnance du Roy cy-attachée, donnée à Marly le premier du présent mois de Juillet 1729. Signée LOUIS, & plus bas, BAÜYN; par laquelle Sa Majesté s'étant fait représenter les Ordonnances & Réglemens des 5. Février 1720. concernant la solde & la composition du Régiment Royal-Artillerie, juge à propos pour le bien de son Service d'y faire quelques changemens, d'ordonner qu'il sera formé cinq Bataillons de huit Compagnies chacun; sçavoir, d'une Compagnie de Sapeurs, de cinq de Canonniers, & de deux de Bombardiers, de soixante - dix hommes chacune, les Officiers non compris; cinq Compagnies de Mineurs de cinquante hommes chacune, & cinq Compagnies d'Ou-

vriers de quarante hommes chacune, les Officiers non compris, & de regler la paye, tant
des Officiers defdites Troupes, & leur rang,
que celle des Sapeurs, Canonniers, Bombardiers, Mineurs & Ouvriers, ainfi que leur
habillement & armement.

Nous, en vertu de ladite Ordonnance & du
pouvoir à Nous donné par Sa Majefté à caufe
de nôtredite charge de Grand-Maître & Capitaine general de l'Artillerie: Enjoignons à tous
Lieutenans-Colonels, Capitaines & autres
Officiers du Régiment Royal-Artillerie, des
Compagnies de Mineurs & d'Ouvriers, &
autres qu'il apartiendra, d'exécuter & de tenir
la main à l'exécution de la prefente Ordonnance. En témoin dequoy Nous avons fait
expedier la prefente, fignée de nôtre main,
icelle fait fceller du Sceau de nos Armes, &
contrefigner par le Secretaire general de l'Artillerie. Donné à Paris le troifiéme Juillet
mil fept cens vingt-neuf. Signe, L. A. DE
BOURBON. *Et plus bas*, Par fon Alteffe
Sereniffime, LE BOITEULX.

ORDONNANCE
DU ROY,

Pour régler le Service du Régiment Royal-Artillerie.

Du 5. Juillet 1729.

DE PAR LE ROY.

SA Majesté ayant marqué par son Ordonnance du premier du present mois de Juillet,
les changemens qu'Elle juge à propos de faire
dans son Régiment Royal-Artillerie ; & voulant
expliquer ses intentions sur le service dudit
Régiment, a ordonné & ordonne que quand
les Bataillons dudit Régiment se rencontreront,
ils n'auront d'autre rang entr'eux que celuy de
l'ancienneté du Lieutenant-Colonel ; & les
Officiers, dans les Détachemens , commanderont entr'eux suivant l'ancienneté de leurs
Commissions , & avec les autres Régimens
suivant le rang du Régiment.

Le plus ancien Major fera la charge de
Major de Brigade , quand bien même son
Bataillon ne seroit pas le premier.

Lorsque les Bataillons se trouveront ensemble , si un des Lieutenans-Colonels étoit

absent, le Bataillon ne laissera pas de prendre son rang suivant l'ancienneté du Lieutenant-Colonel ; & le premier Capitaine en prendra le Commandement sous les ordres, quant au service, du Lieutenant-Colonel le plus ancien qui se trouvera present.

Comme les Lieutenans - Colonels de ce Régiment commanderont entr'eux suivant leur ancienneté de Commissions, si les Lieutenans-Colonels étoient absens, l'ancien Capitaine commanderoit le tout, quand bien même le Bataillon dont il seroit, ne marcheroit pas le premier.

Il ne sera mis à la tête de ces Bataillons, soit pour Lieutenans-Colonels, Capitaines ou Majors, que des gens élevez dans le Corps, & qui se soient rendus capables par les Ecoles & leur experience dans les differentes fonctions que leurs emplois demandent, afin que le même homme puisse servir à placer & commander également, tant les batteries de Canons que celles de Mortiers, & la conduite des Sapes.

Les Officiers de ces Bataillons garderont les mêmes rangs avec les Lieutenans d'Artillerie, Commissaires & Officiers-pointeurs, tels qu'ils sont aujourd'huy réglez pour le service.

Les Subalternes, indépendamment des emplois particuliers ausquels ils seront attachez, continuëront à s'instruire de toutes les parties en general qui concernent le service de l'Artillerie ; & tous les jeunes gens qui entreront pour être Officiers , feront obligez d'être inftruits dans les Mathématiques, ou de les aprendre dans leurs premiers emplois , & de fubir l'examen.

Les travaux de Sapes fe feront par détachemens ou Brigades de la Compagnie de Sapeurs, toûjours commandez par un Officier de la même Compagnie ; & le Capitaine fe portera fur les lieux auffi fouvent que l'exigera le bien du fervice , pour ordonner la conduite du travail.

Les Détachemens pour le fervice du Canon feront pris dans les Compagnies de Canonniers, & commandez par les Capitaines & Officiers defdites Compagnies , proportionnément aux Détachemens.

Le fervice des Mortiers fe fera de même par les Compagnies de Bombardiers commandez par les Capitaines & Officiers defdites Compagnies, proportionnément aux Détachemens.

Les Compagnies de Mineurs ferviront à l'avenir comme par le paffé pendant les dernieres Guerres ; fçavoir, par Brigades & par chaque attaque de Mines, fous le commandement d'un Officier de la Compagnie ; lequel, quoyque les Brigades fe relevent toutes les vingt-quatre heures, ne fera point relevé, & demeurera à l'attaque jufqu'à l'entiere confommation : le Capitaine fe portera continuellement fur les lieux, pour arranger & ordonner la conduite du travail.

Les Compagnies d'Ouvriers deſtinez pour les travaux en fer & en bois, ſeront employées aux Arſenaux dans les Places, & à la Guerre dans les Parcs, aux conſtructions & radoubs des attirails de l'Artillerie qui ſeront ordonnées par les Commandans de ladite Artillerie, & conduites ſous l'inſpection du Capitaine & du Lieutenant, par les Maîtres-Ouvriers de ladite Compagnie.

Il ſera fourny aux Siéges, quand il en ſera beſoin, ainſi qu'il s'eſt toûjours pratiqué, des Travailleurs détachez des Bataillons de la ligne, pour aider à la conſtruction des batteries de Canons & de Mortiers, d'autres pour le ſervice des Sapes, & d'autres encore pour le ſervice des Mines ; le nombre d'hommes dont le Régiment Royal-Artillerie eſt compoſé, n'étant pas ſuffiſant pour ces ſortes de travaux.

Quant au ſervice general de l'Artillerie, mouvemens, manœuvres, &c. auſquels les Bataillons, les Compagnies de Mineurs, & celles d'Ouvriers ſont deſtinez ; le nombre d'Officiers pour les Détachemens ſera commandé ſuivant ce qui ſera jugé neceſſaire pour le ſervice de ladite Artillerie, par le Commandant de l'Artillerie, ſans égard à la force du Détachement, ny à l'uſage de l'Infanterie, le Roy conſervant à cet effet un nombre plus conſiderable d'Officiers dans leſdites Troupes.

Pour faciliter au Capitaine en premier, les moyens de faire les Recrûës neceſſaires pour sa Compagnie, le Capitaine en second, & les quatre Subalternes seront obligez de s'y employer.

A l'égard de l'argent que le Capitaine sera obligé de donner pour faire les hommes & les conduire, le prix en sera réglé à l'amiable par le Commandant du Corps, & ce suivant les facilitez ou difficultez qui peuvent se trouver plus ou moins grandes selon le temps & la distance; l'intention de Sa Majesté n'étant pas que les Officiers chargez des Recrûës y mettent du leur, mais bien qu'ils donnent leurs soins & leur peine pour le bien de son Service, en s'employant à maintenir ses Troupes complettes.

Aucun subalterne, quelque ancienneté qu'il ait, ne pourra esperer de monter à un nouveau grade, qu'il n'ait l'intelligence & la capacité convenables aux differens exercices & pratiques pour le service de l'Artillerie.

Lorsque les Commissaires des Guerres feront la Revûë, ils la feront par apel pour les differentes payes qui sont dans chaque Compagnie, suivant qu'ils seront contrôlez sur le Livre signé du Lieutenant-Colonel & du Major, visé du Directeur; & s'il y en a de nouveaux depuis la derniere Revûë, ils marqueront qu'ils ont été faits depuis, & que c'est en attendant que le Directeur les ait aprouvez.

Lesdits Commissaires des Guerres spécifieront dans leurs Revûës par Articles séparez, le nombre qu'il y aura, tant de Sergens que de hautes payes, ou Soldats aprentifs à la paye ordinaire, afin que le Décompte de la Compagnie soit fait suivant la paye réglée pour chacun.

Le Directeur general des Ecoles & des Bataillons & Compagnies attachées au service de l'Artillerie, fera à l'ordinaire la Revûë desdites Troupes, & entrera dans les détails qui seront prescrits dans les instructions qui luy seront délivrées. Les Lieutenans-Colonels de chacun des Bataillons, les Capitaines des Compagnies de Mineurs, & ceux d'Ouvriers, envoyeront directement leurs Mémoires au Grand-Maître de l'Artillerie pour proposer aux Emplois vacans.

Ces Bataillons se trouvant seuls dans une Place, ou avec d'autres Troupes, y feront le Service tout comme l'Infanterie ; mais ils ne seront comptez que sur le pied de trois cens hommes, & il n'y aura quant à present que les Capitaines en second & les Officiers subalternes qui monteront la garde & feront le service dans la Place : Sa Majesté voulant bien en dispenser les Capitaines en premier, les hautes payes, & en entier les Compagnies de Mineurs & d'Ouvriers qui ne font point corps avec lesdits Bataillons, à moins qu'il ne fût necessaire pour le service de la Place, auquel cas ils exécuteront sur cela les ordres des Gouverneurs ou Commandans des Places où ils se trouveront.

Le Roy ayant ordonné par le nouveau Réglement pour la compofition du Régiment Royal-Artillerie, que les Charges de Capitaines en fecond de Sapeurs, Canonniers & Bombardiers, venant à vaquer par mort, promotion ou abandonnement, ne feroient point remplacées, & l'intention de Sa Majefté étant qu'il y ait toûjours huit Capitaines defdits Bataillons qui montent la garde; lorfqu'il viendra à manquer un defdits Capitaines en fecond, le dernier Capitaine en premier fera commandé pour ce fervice, ainfi de fuite jufqu'à l'entiere extinction des Capitaines en fecond; & pour lors il n'y aura plus que fept Capitaines en premier pour monter la garde, Sa Majefté en difpenfant les Lieutenans-Colonels.

Les Bataillons du Régiment Royal-Artillerie étant dans tous les Siéges journellement de Tranchée, par Détachemens & à toutes les attaques, ils ne monteront point de Tranchée en Corps.

Dans les Armées ils camperont toûjours au Parc de l'Artillerie, & ne feront que ce fervice.

Ces Bataillons feront répartis fur les Frontieres, & dans les Places principales où fe font tous les Ouvrages neceffaires pour les Magafins d'Artillerie, qui feront marquées par Sa Majefte pour les Ecoles fous les ordres des Officiers d'Artillerie qui auront été prépofez par le Grand - Maître de l'Artillerie pour commander lesdites Ecoles.

Il continuera d'être entretenu à chaque Ecole un Maître de Mathématiques pour instruire les Officiers dudit Régiment, lesquels seront obligez de tenir l'Ecole tous les jours de la semaine que le Directeur aura marqué ou leur marquera ; Enjoignant au Commandant & au Major de tenir la main, à ce qu'aucun Officier n'y manque. Veut au surplus Sa Majesté, que les Ordonnances des 5. Février 1720. & 22. May 1722. soient exécutées, en ce qui n'est pas contraire à la presente. Mandant Sa Majesté à Monsr. le Duc du Maine, Grand-Maître & Capitaine general de l'Artillerie de France, de faire exécuter & observer le contenu en la presente.

Mande & ordonne Sa Majesté aux Gouverneurs & ses Lieutenans generaux en ses Provinces & Armées, aux Gouverneurs & Commandans dans ses Villes & Places, aux Intendans en sesdites Provinces & sur ses Frontieres, au Directeur des Ecoles d'Artillerie, aux Commissaires de ses Guerres, & à tous autres ses Officiers qu'il apartiendra, de tenir la main à l'exécution de la presente. Fait à Marly le cinq Juillet mil sept cens vingt-neuf. Signé, LOUIS. *Et plus bas*, BAÜYN.

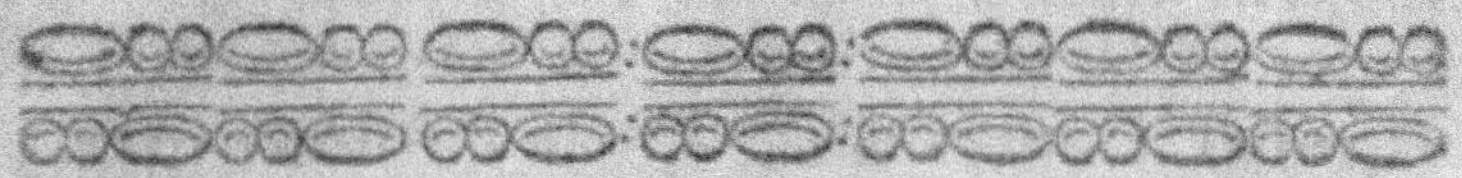

*LOUIS AUGUSTE DE BOURBON,
Duc du Maine, Prince legitimé de France,
par la grace de Dieu, Prince Souverain de
Dombes, Comte d'Eu, Duc Daumale,
Commandeur des Ordres du Roy, Colonel
general des Suisses & Grisons, Gouverneur
& Lieutenant general pour Sa Majesté dans
ses Provinces du haut & bas Languedoc,
Grand-Maître & Capitaine general de
l'Artillerie de France.*

VEU par Nous l'Ordonnance du Roy cy-attachée, donnée à Marly le 5. du pre-sent mois de Juillet 1729. par laquelle Sa Majesté explique ses intentions sur le service qu'Elle veut qui soit dorênavant fait par son Régiment Royal-Artillerie, par les Compa-gnies de Mineurs, & par celles d'Ouvriers.

Nous, en vertu de ladite Ordonnance, & du pouvoir à Nous donné par Sa Majesté à cause de nôtredite charge de Grand-Maître & Capi-taine general de l'Artillerie: Enjoignons à tous Lieutenans-Colonels, Capitaines & autres Officiers du Régiment Royal-Artillerie, & autres qu'il apartiendra, d'exécuter & de tenir la main à l'exécution de la preſente Ordonnance. En témoin dequoy Nous avons fait expedier la preſente, ſignée de nôtre main, icelle fait ſceller du Sceau de nos Armes, & contreſigner par le Secretaire general de l'Artillerie. Donné à Marly le ſixiéme Juillet mil ſept cens vingt-neuf. Signe, L. A. DE BOURBON. *Et plus bas*, Par ſon Alteſſe Sereniſſime, LE BOITEULX.

INSTRUCTION
POUR LE SERVICE
D'UN CANON A UN SIEGE.

Pour une Piéce de 24.

LOrsque la Batterie est construite, les Platteformes établies, & que le Canon y est logé, il faut assembler tout ce qui est necessaire pour l'exécuter.

Sçavoir,

Six Léviers.

Deux Masses.

Deux Coins de mire.

Un Balay.

Douze ou quinze Boulèts.

Trente Bouchons de fourage, arrondis le mieux qu'il se pourra du calibre de la Piéce.

Un Boutte-Feu.

Les Armes de la Piéce.

Chaque Piéce doit être ainsi munie; & l'on supose qu'il y a à portée de la Batterie dequoy remplacer dans le besoin ce qui devient hors de service.

Le petit Magasin à Poudre, qui doit servir pout deux Piéces, sera placé à 20. ou 25. pas derriere le Canon.

Lorsqu'on sera vû de la Place, en allant à ce Magasin, on fera un petit boyau de communication, lequel se tirera de deux piéces en deux piéces jusqu'au Magasin. On observera de laisser un terre-plein entre le recul du Canon, & le commencement du boyau, afin qu'on puisse se remuer dans la Batterie.

On ne doit employer que deux Canoniers, & six Servants pour une Piéce de 24.

Les Canoniers, & Servants, & ce qui apartient au service de la Piéce, doivent être dans la disposition suivante.

A la gauche de la Piéce.	*A la droite de la Piéce.*
Un Canonier.	Un Canonier.
Trois Servants.	Trois Servants.
Un Refouloir.	Une Lanterne.
Un Ecouvillon.	Trois Léviers.
Trois Léviers.	Une Masse.
Une Masse.	Le Fourage.
Les Boulets.	Un Balay.

Le Boute-Feu sera derriere.

Les deux Canonniers doivent avoir chacun

un Dégorgeoir, & de la Poudre dans leurs four-
nimens, pour amorcer.   Ils doivent faire les
bouchons de fourage eux-mêmes.   Celuy de
la gauche va chercher la Poudre au petit Magaſin
dans un ſac à terre, & la met dans la lanterne,
que le Canonier de la droite tient ſous la bouche
de la Piéce : Ce dernier la met dans la Piéce,
avec les précautions ordinaires pour ne point
laiſſer de traînée en retirant la lanterne.

Lorſque le Canonier de la gauche ne va
pas chercher la Poudre dans un ſac, celuy de
la droite va la chercher luy-même dans la
lanterne.

Il eſt plus expeditif de ſe ſervir de gargouſſes ;
mais cela ne ſe peut dans un Siége de pluſieurs
jours ; & afin que les Canoniers & Soldats
ſoient parfaitement inſtruits, on fera cette
manœuvre de trois façons à l'Ecole, c'eſt-à-
dire, qu'on ira chercher la Poudre quelquefois dans un ſac, d'autres fois avec la lanterne-
même, & d'autres fois enfin, on ſe ſervira de
gargouſſes ; la derniere maniere étant la meil-
leure, on en uſera contre l'Ennemy quand on
en aura la commodité.

Pendant que les Canonniers vont à la Poudre,
le premier Servant de la droite avec le premier
de la gauche écouvillonnent bien la Piéce, ils
refoulent huit ou dix coups ſur le fourage
lorſque la Poudre eſt dans la Piéce, & quatre
à cinq coups ſeulement ſur celuy du boulet.

Le ſecond Servant de la droite a toûjours

foin de mettre les deux bouchons de fourage dans la Piéce, l'un fur la poudre, & l'autre fur le boulet.

Le fecond Servant de la gauche met le boulet dans la Piéce.

Le troifiéme Servant de la gauche boûche la lumiere pendant qu'on écouvillonne, & que l'on refoule fur la poudre. C'eft à luy à remarquer fi la lumiere n'eft pas embarraffée.

Le troifiéme Servant de la droite a foin de tenir la platte-forme nette, & de balayer lorfqu'il y a de la poudre répanduë ou fous la bouche de la Piéce en la chargeant, ou dans le chemin du petit Magafin.

La Piéce chargée, les fix Soldats prennent chacun un lévier pour la mettre en Batterie.

Les deux premiers paffent leur lévier dans les rais du devant des rouës, enforte que le bout du lévier foit fous la tête de l'affut, ils font tourner les rouës en pefant fur l'autre bout.

Les deux feconds paffent les bouts de leurs léviers fous le derriere des rouës.

Les deux derniers paffent les léviers fous l'entretoife de lunette pour alleger & pouffer la Piéce.

Ces fix Servants doivent faire agir leurs léviers dans le même temps; cette force unie, met bien-tôt la Piéce en batterie.

Alors les deux premiers Soldats du devant des rouës, remettent leurs léviers en leur place.

Les seconds qui se trouvent derriere, portent les bouts de leurs léviers sous le bouton de la Piéce, ou sous le premier renfort; Et les deux derniers se tiennent au flasque avec leurs léviers.

Cependant un Officier, ou le Canonnier de la droite entre dans le flasque pour pointer, & fait le commandement aux seconds Servants de lever, ou baisser la Piéce pour placer le coin de mire; il fait signe aussi de la main aux troisiémes Servants de donner du flasque pour porter la Piéce à droite ou à gauche, & s'ajuster.

Ces quatre Servants, aprés avoir exécuté ce qui leur a été ordonné par celuy qui pointe, remettent leurs léviers en leur place.

La Piéce étant pointée, le Canonier de la gauche amorce, aprés quoy il prend le boutte-feu pour tirer lorsque le commandement se fait, & prend garde qu'il n'y ait personne derriere la Piéce en mettant le feu. Ce Canonnier montre au second Servant de la gauche à mettre le feu, en luy faisant observer de quelle façon il s'y prend, afin qu'il soit capable de faire cette fonction en cas de besoin.

Le Canonnier de la droite qui a pointé la Piéce, observe son coup, pour se corriger s'il n'est pas juste; il se place de maniere que la fumée ne l'empêche pas de voir où il a donné.

Avant que le feu se mette, le premier Servant de la gauche & le premier de la droite, se tiennent à portée avec leurs masses pour les placer fous les rouës, & arrêter la Piéce quand elle eft au bout de fon recul, afin qu'elle ne retombe pas en batterie, ce qui arriveroit fans cette précaution.

Il paroît que ce feroit affez d'un des deux premiers Servants pour mettre la Maffe fous la rouë; mais comme il peut arriver qu'il peut manquer à la placer, il y faut employer l'un & l'autre pour plus grande feureté.

Il fembleroit auffi, qu'il feroit à propos que ce fût un Canonnier même comme devant être plus adroit ; mais attendu qu'il eft neceffaire que le Canonnier qui pointe, obferve fon coup, & que l'autre mette le feu : ces deux fonctions font incompatibles avec celle de placer la maffe fous la rouë. Au refte lorfque la Piéce eft retombée dans l'embrafure fans être chargée, on a tant de peine à la mettre hors de batterie pour la charger, à caufe du talus de la Platte-forme, qu'on ne peut prendre trop de précautions pour éviter cet inconvenient.

Les mêmes Servants qui ont mis la maffe fous les rouës ont foin de l'ôter lorfque la Piéce eft rechargée, & qu'on veut la pouffer dans l'embrafure.

Ce que deffus étant bien exécuté, les Piéces fe fervent diligemment, & fans embarras. Chacun des Commandans peut faire faire les differentes manœuvres de cet Exercice à la voix, ou au tambour, fuivant celuy qui eft cy-aprés.

Il seroit à souhaiter que le Canonnier qui met le feu n'eût point de poudre dans son fourniment : mais comme il est de la convenance du service, que les deux Canonniers changent de place de tems en tems pour aprendre le service de la droite, ainsi que celuy de la gauche, cette précaution ne peut s'obferver, c'est à chacun d'eux à se précautionner contre le danger du feu.

Il en faut uſer de même à l'égard des Soldats ſervants, & les faire paſſer tantôt à droite de la Piéce, tantôt à gauche ; qu'ils ſoient tantôt premiers, tantôt ſeconds, & tantôt troiſiémes Servants : Et ils doivent être inſtruits de façon à toutes ces manœuvres, qu'auſſi-tôt qu'ils ſeront placez, ils ſçachent ce qu'ils ont à faire dans le poſte où ils ſe trouvent.

Les Sergens commandez auront une connoiſſance parfaite de toutes les differentes fonctions des Canoniers & des Servants, dans l'exécution d'une Batterie. Ils ſe partageront pour veiller à ce que chacun faſſe ſon devoir ; feront faire ſilence ; & ſur tout, ils donneront beaucoup d'attention à la propreté de la Batterie. Ils auront ſoin, ſuivant l'ordre qu'ils recevront des Officiers, de faire aſſembler autour de la Piéce tout ce qui eſt neceſſaire pour l'exécuter. Ils feront remplacer tout ce qui ſera conſommé ou hors de ſervice.

Quand il n'y aura point de neceſſité de ſervir la Batterie diligemment, & que les Piéces feront échauffées , on leur donnera quelque repos, & l'Officier qui commande prendra le tems convenable pour cela.

Piéce de 16. *& autres.*

LEs Piéces de 16. se serviront avec le même nombre de Canonniers & de Servants , & seurement avec plus de diligence.

Il suffit de deux Canonniers & de quatre Servants pour celles de 12. D'un Canonnier & de quatre Servants pour celles de 8. & de 4. lesquels pour ces differens calibres , feront la manœuvre à peu prés comme celles des Piéces de 24.

La construction de la Batterie, c'est-à-dire, la profondeur qu'elle doit avoir pour s'y remuer commodément ; celles des Platte-formes avec le talus qu'on doit leur donner ; l'épaisseur de l'épaulement ; la largeur & la hauteur du merlon (c'est l'épaulement qui est entre deux embrasures ;) la largeur de l'embrasure en dedans & en dehors de la Batterie ; les précautions pour ne se pas trop enterrer ; le talus qu'il faut donner à l'épaulement afin qu'il soit mieux assis ; le fascinage & le piquetage sont des choses si connuës & établies sur des régles si generales, qu'il n'est pas necessaire de donner d'instruction sur cela. Il faut seulement remarquer que les Platte-formes ne peuvent être trop solides ; & lorsqu'une Batterie doit être de quelque durée , il est necessaire de mettre des lambourdes fous les madriers. Les jouës des embrafures, & le pied de l'épaulement doivent être conftruits avec plus de foin que la chemife ; & pour cela, les Canonniers prennent plufieurs fafcines de dix pieds qu'ils relient avec foin, ils les affeurent avec un plus grand nombre de piquets que les autres, & en revêtiffent le pied de l'épaulement. Les deux jouës des embrafures doivent être faites auffi avec ces mêmes fafcines (on les apelle faucilfon,) fans cette précaution le vent de la Piéce les emporteroit bien-tôt, & détruiroit l'embrafure.

Lorfqu'une Batterie eft conftruite avec tous ces foins, elle dure beaucoup plus long-tems, & les réparations qu'on doit y faire pendant la nuit, demandent moins de peine.

RECAPITULATION

des differentes Fonctions des Canonniers & Soldats fervants une Piéce de 24.

<table>
<tr><td>Canonnier de la gauche.</td><td>Canonnier de la droite.</td></tr>
<tr><td>Fais les bouchons de fourage.
Va chercher la poudre dans un fac & la mets dans la Lanterne que le</td><td>Fais les bouchons de fourage.
Va chercher la poudre avec la Lanterne, lorfque le Canonnier de la</td></tr>
</table>

Canonnier de la droite tient fous la bouche de la Piéce.

Amorce.

Prends & fousle le boutte-feu.

Mets le feu & montre au fecond Servant de la gauche à le mettre.

gauche ne la luy aporte pas dans un fac.

Mets la poudre dans la Piéce.

Remets la Lanterne en fa place.

Pointe.

Obferve fon coup.

Premier Servant de la gauche.

Ecouvillone.

Remets l'Ecouvillon en fa place.

Refoule fur le bouchon de la poudre.

Remet le refouloir dans l'embrafure.

Refoule fur le bouchon du boulet.

Mets le refouloir en fa place.

Embarre dans les rais du devant de la rouë,

Remets fon lévier en fa place.

Mets la maffe fous la rouë pour empêcher la Piéce de retomber en Batterie.

Ofte la maffe quand la Piéce eft rechargée , & qu'on la remet en Batterie.

Premier Servant de la droite.

Ecouvillone.

Refoule fur le bouchon de la poudre.

Remets le refouloir dans l'embrafure.

Refoule fur le bouchon du boulet.

Embarre dans les rais du devant de la rouë.

Remets fon lévier en fa place.

Mets la maffe fous la rouë pour empêcher la Piéce de retomber en Batterie.

Ofte la maffe quand la Piéce eft rechargée , & qu'on la remet en Batterie.

Second Servant de la gauche.

Mets le Boulet.
Mets son lévier sous le derriere de la rouë.
Mets son lévier au bouton ou au premier renfort.
Leve, ou baisse la Piéce.
Remets son lévier en sa place.
Mets le feu quand le Canonier de la gauche est occupé ailleurs.

Second Servant de la droite.

Mets le fourage sur la poudre.
Mets le fourage sur le boulet.
Mets son lévier sous le derriere de la rouë.
Mets son lévier au bouton, ou au premier renfort.
Leve, ou baisse la Piéce.
Remets son lévier en sa place.

Troisiéme Servant de la gauche.

Bouche la lumiere pendant que l'on écouvillonne & qu'on refoule.
Passe le lévier sous l'entretoise de lunette.
Demeure au flasque avec son lévier pendant que l'on pointe.
Donne du flasque.
Remets le lévier en sa place.

Troisiéme Servant de la droite.

Balaye la Platte-forme.
Passe le lévier sous l'entretoise de lunette.
Demeure au flasque avec son lévier pendant que l'on pointe.
Donne du flasque.
Remets son lévier en sa place.

EXERCICE DU CANON

qui pourra s'exécuter à la Voix ou au Tambour, lorsque les Canoniers & Servants seront habituez à leurs Postes, & aux Manœuvres expliquées dans cette Instruction.

Canoniers & Servants prenez garde à vous.

1. Aux léviers, à vos postes.
2. Embarrez.
3. Hors de Batterie.
4. La Piéce hors d'eau.
5. Remettez les léviers en leur place.

Ces cinq Commandemens ont lieu lorsque la Piéce se trouve en Batterie avant que d'être chargée, ou qu'elle y est retombée aprés avoir tiré.

6. A l'Ecouvillon.
7. Bouchez la lumiere.
8. A la Poudre.
9. Ecouvillonnez.
10. Tirez l'Ecouvillon, & le mettez en sa place.
11. Mettez la poudre dans le Canon.
12. Retirez la Lanterne, mettez-là en sa place.
13. Au Refouloir.
14. Mettez le bouchon sur la poudre.
15. Refoulez.
16. Retirez le refouloir & le laissez dans l'embrasure.

17. Mettez le boulet dans le Canon.
18. Mettez le bouchon sur le boulet.
19. Refoulez.
20. Retirez le refouloir & le mettez en sa place.
21. A la Masse.
22. En Batterie.

Si la Platteforme n'a pas assez de talus pour que la Piece retourne seule en Batterie, on dira icy, *Aux Léviers, Embarrez, En Batterie.*

23. Au bouton & au flasque.
24. Pointez.
25. Amorcez.
26. Au Boutte-feu.
27. A la Masse.
28. Haut les bras.
29. Feu.
    Hors d'eau.

A Paris le douziéme Septembre mil sept cens vingt.

Signé, CAMUS DESTOUCHES.

INSTRUCTION

Pour le Service d'un Mortier de 12. pouces.

Lorsque la Batterie est construite, & que les Mortiers y sont logez, on assemble tout ce qui est necessaire pour l'exécution.

SÇAVOIR,

Une provision de Bombes chargées.

Une Botte de fourage.

De la terre douce.

Deux Couteaux de bois, ou Spatules.

Une Bêche.

Un Pic-hoyau.

Un Balay.

Quatre Léviers.

Une Demoiselle.

Un Crochet.

Une Curette, ou Racloir.

Un quart de cercle.

Deux Bouttefeux.

Deux Coins de mire.

Chaque Mortier doit être ainsi fourni, & avoir à portée dequoy remplacer dans le besoin.

Le Magasin à poudre sera au milieu de la Batterie, 20. ou 25. pas derriere ; & s'il faut un boyau pour y communiquer sans être vû, on le tirera du milieu de la Batterie, ou de quatre Mortiers en quatre Mortiers, fi la Batterie eft confiderable, obfervant de laiffer un terre-plein entre le Mortier & le commencement du boyau, afin qu'on puiffe fe remuer dans la Batterie.

Les Bombes chargées feront à côté du Magafin à quelques pas de diftance, la fufée renverfée en terre.

Les Armes du Mortier feront couchées à droite & à gauche.

Pour fervir un Mortier de 12. pouces, il faut un Cadet Bombardier, & quatre Servants.

Le Cadet, & ces quatre Servants, doivent être placez comme il fuit, avec ce qui fert au fervice du Mortier.

A la gauche du Mortier.	A la droite du Mortier.
Deux Servants.	Le Cadet.
Une botte de fourage.	Deux Servants.
De la terre douce.	Une Demoifelle.
Un Couteau, ou Spatule.	Un Crochet.
Une Bêche.	Une Curette, ou Racloir.
Un Balay.	Un Couteau, ou Spatule.
Deux léviers.	Un Sac à poudre.
	Un Pic-hoyau.
	Deux léviers.

Les deux Bouttefeux feront mis derriere le Mortier.

Le Cadet Bombardier doit avoir un quart de Cercle, un Fourniment, & un Dégorgeoir.

Il a foin d'aller chercher la poudre dans un fac au petit Magafin ; il charge le Mortier avec une mefure, aprés avoir mis fon dégorgeoir dans la lumiere, & demandé à l'Officier qui commande, à combien de poudre il veut qu'on charge. Il la met dans la Chambre du Mortier, & l'égale bien avec la main.

Le premier Servant de la gauche luy fournit un bouchon de fourage. Le premier de la droite luy donne la Demoifelle.

Le Cadet refoule un petit coup le fourage qu'il a mis fur la poudre. Le premier Soldat de la gauche luy fournit de la terre douce fur la Bêche pour mettre dans la Chambre, & achever de l'emplir.

Le Cadet aprés avoir placé cette terre, la refoule à petits coups, puis de plus fort en plus fort jufqu'à ce que la Chambre foit pleine, & fait fur la fuperficie un lit pour affeoir la Bombe.

Le premier Soldat de la droite remet la Demoifelle en fon lieu.

Le fecond Servant de la droite, & celuy de la gauche prennent un lévier & le crochet, & aportent la Bombe chargée. Ils aident le Cadet à la placer.

Le Cadet pofe la Bombe bien droite dans l'âme du Mortier.

Le premier Servant de la gauche luy fournit

la terre pour mettre autour de la Bombe avec le couteau ou spatule que le premier de la droite luy donne.

Le Cadet place la terre autour de la Bombe, de maniere que son centre se trouve, s'il est possible, dans l'axe de l'ame du Mortier, que les anses soient en haut, & tournées suivant l'allignement des tourillons.

Lorsque la Bombe est placée dans le Mortier, le Cadet pointe en s'alignant sur le piquet planté au haut de l'épaulement, & qui sert à s'ajuster; Et pour cela, les quatre Servants ensemble prennent chacun un lévier; le premier de la droite, & celuy de la gauche embarrent devant, & les deux autres derriere : Tous ensemble poussent le Mortier en batterie suivant le commandement de l'Officier ou du Cadet.

Ensuite les deux premiers Servants luy passent un lévier sous le ventre pour le baisser ou lever suivant les dégrez d'élévation que l'Officier ou Cadet veulent donner; Et le second Servant de la gauche pousse ou retire le coin de mire pour cet effet, au commandement qu'il en reçoit. Ce deuxiéme Servant avec son Camarade de la droite, prennent chacun un lévier pour donner du flasque.

Le Mortier pointé, le Cadet retire son dégorgeoir de la lumiere, il amorce avec de la poudre fine, & met un peu de poulevrain sur le bassinet & sur la fusée de la Bombe, aprés avoir gratté la compofition avec la pointe de fon dégorgeoir, afin que le feu y prenne promptement.

Le premier Servant de la droite prend le bouttefeu, met le feu à la fufée.

Le premier Servant de la gauche met le feu au Mortier, au commandement de l'Officier ou du Cadet, qui ne fe donne que quand la fufée eft bien allumée. Lorfque fon coup n'a pas beaucoup de portée, il laiffe brûler quelque tems la fufée, & ordonne le feu au Mortier, fuivant l'eftimation du tems qu'elle doit encore durer, enforte qu'elle puiffe créver un moment aprés qu'elle eft tombée. La longueur de la fufée fe connoît, en comptant un, deux, trois, &c. également depuis fon commencement jufqu'à fa fin.

Le Cadet, ou l'Officier, en donnant le commandement, fe tiennent à portée de pouvoir obferver leurs coups pour fe corriger, & mieux ajufter par la fuite.

Quand la Bombe eft partie, le premier Servant de la droite nétoye le Mortier avec la curette ou racloir, & un bouchon de fourage que celuy de la gauche luy donne.

Le fecond Servant de la gauche a le foin de balayer toûjours pendant qu'on fert la Piéce, afin qu'il ne refte point de poudre qui puiffe mettre le feu à la Batterie.

Les deux feconds Servants prennent chacun un lévier, les placent fous le ventre du Mortier pour le mettre debout , & en état d'être rechargé.

Le Cadet va à la poudre avec un sac , charge le Mortier avec la mesure, &c. Chacun reprend le même poste , & recommence les mêmes fonctions enseignées cy-dessus.

Pour charger les Bombes, on les emplit de poudre avec un entonnoir , on fait ensuite entrer la fusée par le petit bout dans la lumiere de la Bombe, & on l'enfonce avec un repoussoir de bois à coups de maillet de bois , & jamais de fer.

Les petits Mortiers se servent à proportion comme ceux de 12. pouces.

Ceux à Grenade sont servis par un seul homme.

A l'égard d'un Pierrier, il ne faut que trois hommes. La difference qu'il y a de son service à celuy du Mortier est , qu'au lieu de la Bombe on met des Pierres dans l'âme , sous lesquelles on place un plateau , ou une pierre platte, lesquels couvrent la Chambre. Ces pierres sont arrangées jusqu'à la bouche ; quelquefois on les met dans un panier. Il faut faire un amas de pierres à portée de la Batterie & dans la Batterie même , & sur tout , en avoir quelques-unes de larges & plattes pour mettre au fond de l'âme du Pierrier : ces pierres tiennent lieu de plateaux. Il faut aussi que chaque Pierrier soit muni d'une bonne Civiere pour aller chercher les pierres.

Le Pierrier se met en Batterie, & se pointe comme un Mortier. Le principal Bombardier a soin de bien arranger les pierres, & soit qu'on se serve d'un panier, ou qu'on ne s'en serve pas, il faut qu'il y ait de la terre autour pour ajuster la charge, ainsi qu'on en use autour de la Bombe.

Chacun de Messieurs les Commandants de l'Ecole peuvent réduire l'Exercice du Mortier à la Voix, ou au Tambour; mais il faut observer que chacune des fonctions soit dans l'ordre où elles se trouvent dans la presente Instruction.

Les Soldats servants qui se trouveront le plus d'intelligence, seront quelquefois employez aux fonctions de Cadet; on les changera de place de tems en tems, afin qu'ils sçachent servir également dans les Postes de droite ou de gauche, de premier, ou de second Servant.

Les Officiers & les Sergents tiendront chacun dans leur devoir, & sur tout veilleront à la propreté de la Batterie, enforte qu'il n'y ait point de poudre à terre, ou sur la platteforme qui puisse causer aucun danger. Le feu est bien plus à craindre dans une Batterie de Mortiers, à cause des Bombes chargées qui s'y trouvent. Les plus exactes précautions y sont necessaires.

Il est à remarquer, qu'une platteforme de Mortiers ne peut avoir trop de solidité, de là dépend la justesse du Mortier. Il faut que les Lambourdes ayent au moins six pouces en quarré.

RECAPITULATION

des differentes Fonctions des Cadets Bombardiers & Soldats, dans l'exécution du Mortier de 12. pouces.

CADET.

Va chercher la poudre.
Mets le dégorgeoir dans la lumiére.
Charge le Mortier.
Mets le fourage sur la poudre.
Refoule avec la Demoiselle sur le fourage.
Refoule la terre douce.
Pose la Bombe & mets de la terre à l'entour.
S'aligne sur ce qu'il veut battre.
Donne l'élevation avec le quart de cercle.
Retire le dégorgeoir de la lumiére.
Amorce, & gratte la composition de la fusée.
Ordonne le feu au Mortier.
Observe le coup.

Premier Servant de la gauche.	Premier Servant de la droite.
Donne le fourage au Cadet.	Donne la Demoiselle au Cadet.
Fournis la terre douce pour la chambre.	La remets en sa place.
	Donne le couteau, ou spatule.

Donne la terre pour mettre autour de la Bombe.

Embarre au devant de l'affut pour l'alignement du Mortier sur le piquet.

Passe un lévier sous le ventre du Mortier pour l'élévation.

Mets le feu au Mortier.

Donne du fourage à son Camarade pour nétoyer.

Embarre au devant de l'affut pour l'alignement sur le piquet.

Passe un lévier sous le ventre du Mortier pour l'élévation.

Prens le bouttefeu, & mets le feu à la fusée.

Nétoye le Mortier avec la curette.

Second Servant de la gauche.

Va chercher la Bombe chargée.

Aide au Cadet à la placer.

Embarre au derriere de l'affut pour l'alignement.

Pousse, ou retire le coin de mire pour l'élévation.

Prends un lévier, & mets le Mortier debout.

Second Servant de la droite.

Va chercher la Bombe chargée.

Ayde au Cadet à la placer.

Embarre au derriere de l'affut pour l'alignement.

Prends un lévier, & mets le Mortier debout.

Balaye la Batterie.

EXERCICE DU MORTIER,

Qui pourra s'exécuter à la Voix, ou au Tambour, lorsque les Cadets Bombardiers & Servants, seront habituez à leurs Postes & aux Manœuvres, expliquées dans cette Instruction.

Cadets Bombardiers & Servants, prenez garde à vous.

1. Mettez le Dégorgeoir dans la lumiere.
2. A la poudre.
3. Mettez la poudre dans le Mortier.
4. Prenez le fourage.
5. Prenez la Demoiselle.
6. Donnez de la terre.
7. Refoulez.
8. Reprenez la Demoiselle.
9. A la Bombe.
10. Posez la Bombe dans le Mortier.
11. Mettez de la terre autour de la Bombe.
12. Au lévier.
13. Au coin de mire.
14. En Batterie.
15. Pointez le Mortier.
16. Donnez du flasque.
17. Donnez les dégrez.
18. Amorcez le Mortier.
19. Au Bouttefeu.
20. Feu à la Bombe.
21. Feu au Mortier.
22. Nettoyez le Mortier.
23. Au lévier.

L'Exercice du Pierrier se fait de la même façon, avec les differences qui sont expliquées dans la presente Instruction.

A Paris le douze Septembre mil sept cens vingt.

Signé, CAMUS DESTOUCHES.

ORDRE GENERAL

*Pour le Service de l'Artillerie le
jour d'une Bataille.*

LOrsque le General de l'Artillerie & ses
Lieutenants, ont fait les dispositions
pour le Canon qui doit être aux aîles,
ou dans le centre de l'Armée, chacun des Commissaires qui commandent des Brigades de
Canon, prendra les Ordres du Lieutenant qui
commandera du côté où sa Brigade doit aller,
& marchera à son poste.

Chaque Brigade sera pourvûë de fourrage
pour bourrer, herbe, paille, foin, chaume,
& feüilles mêmes, tout est bon ce jour-là.

Les Canoniers auront des Bouttefeux de
rechange, ensorte qu'il y en ait deux à chaque
Piece.

Chaque Brigadier visitera sa Brigade, &
regardera avec soin s'il ne luy manque rien,
son honneur dépend de cette attention, & personne n'y doit manquer.

Il ne faut charger les Pieces qu'en presence
des Ennemis, ou à la premiere halte qu'on
fera peu de tems avant que d'attaquer. On

pourra les flamber pendant la marche, & lorfqu'on s'arrêtera en quelqu'endroit, avec les
précautions ordinaires pour ne point mettre le
feu à des poudres voifines.

Le Lieutenant d'Artillerie recevra les Ordres
de l'Officier General qui commandera les Troupes à fon aîle, & il luy fera part de la difpofition qu'il aura faite ou meditée pour placer le
Canon, afin que l'Officier General y faffe les
changemens qu'il jugera convenables fuivant
les vûës qu'il aura.

Quand l'Armée fe mettra en Bataille, l'Artillerie fe tiendra derriere la ligne, elle ne fera
avancée que lorfque la refolution d'attaquer
fera prife. Il ne faut pas mettre le Canon
à la tête pour le retirer enfuite fans qu'il ait
agy, cela déplait aux Troupes, & il eft bon
de faire faire cette attention aux Officiers
Generaux.

Tout ce qui eft de la Brigade du Parc (à la
referve du Canon, & des Munitions neceffaires
pour l'exécuter, qui prendront la tête de la
ligne pendant l'action,) demeurera derriere le
centre, où on fera à portée de fournir aifément
des Outils, Poudre, Plomb, &c. aux Troupes
qui en manqueront. C'eft par cette raifon que
la Brigade du Parc, compofée du gros Canon,
& de la plus grande partie des Munitions
neceffaires aux Troupes, prend toûjours fon
pofte au milieu de l'Armée.

On détachera à chaque Brigade les Officiers

de Royal-Artillerie, & les hommes neceſſaires pour l'exécuter, ſuivant le Canon dont elle ſera compoſée ; ils ſeront pris autant qu'on pourra, parmy les vieux Soldats, & point de recruë.

Le Détachement de celle du Parc, ſera plus fort, attendu le gros Canon qui ſe trouve d'ordinaire à cette Brigade.

Si par exemple, les Brigades ſont de dix Pieces chacune, chaque détachement ſera de deux Capitaines & de ſoixante & dix hommes, deſquels on en prendra trente avec un Lieutenant pour garder les Chevaux, les Avantrains, & encore plus les Chartiers ; on les mettra dans un lieu à couvert, s'il eſt poſſible, mais à portée de la Batterie, afin de pouvoir atteler diligemment quand il faudra déplacer le Canon. Ce Détachement de trente hommes ſupléra auſſi au défaut de ceux qui en exécutant les Pieces ſeront mis hors de combat. Le Brigadier recommandera bien ſerieuſement ces Chartiers à l'Officier qui commandera les trente hommes qu'on vient de dire, enſorte qu'il en réponde juſqu'à tuer celuy qui voudroit s'en aller. Il ſera bon de les enfermer dans des Sentinelles.

Il y aura quelques Charettes compoſées dans chaque Brigade legere; mais le gros de ces Charettes ſe trouvera à la Brigade du Parc pour fournir des Munitions aux Troupes qui en auront beſoin, leſquelles ſeront averties

qu'il

qu'il y en aura par tout où l'on tirera du Canon. Ces Charettes composées seront mises avec les Avantrains, & les Chevaux à la Reserve, & on les distribuera aux Officiers des Troupes qui en viendront demander.

Les Capitaines & Conducteurs du Charoy, détachez aux Brigades, s'y trouveront le jour de l'action, à peine d'être chassez s'ils y manquent ; ils pourront se mettre à la Reserve pendant l'exécution des Pieces.

Le Capitaine général du Charoy demeurera à celle du Parc : Tous les Ouvriers se trouveront aussi à leurs Brigades.

Chaque Lieutenant, commandant à une aisle, ou au centre, aura auprés de luy un Officier pour porter ses Ordres dans l'étenduë de son commandement.

Chacun des Brigadiers obéïra aux Ordres, non-seulement du Lieutenant qui sera à son poste ; mais de celuy qui pourroit y venir, observant d'avertir son Commandant naturel, de ce que celuy qui surviendra luy aura commandé. Tout le monde doit agir de concert le jour d'une Bataille, & les discutions sont de mauvaise grace en presence des Ennemis, & lorsqu'il faut agir.

Le Général de l'Artillerie aura auprés de luy tous les Majors ou Aydes-Majors, par lesquels il envoyera ses Ordres.

Chaque Brigade sera placée suivant la faveur du terrain, & ce qu'on pourra juger des

I

mouvemens de l'Ennemy , afin d'être en état de les interrompre au moins , si on ne peut entierement les empêcher.

Il faut obferver de ne mettre l'Artillerie qu'à une diftance proportionnée des Troupes, leur protection luy eft neceffaire; & lorfqu'on avance quelque Batterie fur laquelle les Ennemis pourroient entreprendre , il faut demander à l'Officier général des Troupes pour la foûtenir.

On ne défoncera qu'une feule Tonne de poudre à chaque Brigade, & lorfqu'elle fera confommée on en défoncera une autre ; Cette Tonne fera placée derriere le centre de la Batterie.

On mettra à terre une quantité de Boulets à mefure qu'on en aura befoin. Il faut bien fe garder de tout décharger en même temps ; Et une attention qu'on doit recommander par préférence , c'eft d'avoir foin de recharger tous les Boulets qui fe trouveront à terre , lorfque le Canon fera quelque mouvement ; Cela ne s'obferve pas toûjours exactement, & tel Officier trouveroit moyen de fe fervir utilement de fon Canon, & de fe diftinguer s'il avoit encore des Boulets , lequel en manque l'occafion pour en avoir laiffé au pofte qu'il vient de quitter.

Il faut prendre garde que l'ardeur de fervir diligemment les Piéces , n'empêche de bien écouvillonner & de pointer jufte ; il vaut mieux

moins tirer, & que ce foit avec fuccés & à propos : Et lorfque les Officiers Généraux, ou les
Troupes, fe plaindront du peu de diligence
de l'Artillerie (car c'eft le cry ordinaire,)
on leur fera remarquer que l'on ne tire pas
un coup qui ne porte : Il n'y a rien à dire
contre cette maxime, le fervice n'eft peut-être
pas fi brillant, mais il eft plus folide.

Quand on n'a devant foy que du Canon,
il faut tirer aux Batteries des Ennemis ; parce
qu'on doit fuppofer que les Troupes font
derriere, fur lefquelles les Boulets portent
aprés leur premier bond : Mais quand on voit
des Troupes ennemies en difpofition de faire
une manœuvre avantageufe, il ne faut point
faire attention à la Battterie oppofée, quelque
dommage qu'on en fouffre, aller au bien de
l'affaire générale, & tirer fur ces Troupes.

L'Officier qui commande une Batterie,
doit donner toute fon attention à examiner
le plus ou moins de juftefle des coups, pour
fe corriger & connoître fes Piéces, en forte
qu'il puiffe tirer fervice même d'une Piéce qui
aura des défauts.

L'Artillerie doit fuivre les Troupes autant
que faire fe pourra, tant qu'elles iront en
avant.

Quelque fuccés qu'ait la Bataille, il ne faut
fe retirer que lorfque les Troupes qui feront
avec le Canon, fe mettront en mouvement
pour cela.

Celuy qui commandera une Brigade, prendra l'ordre pour la retraite, de l'Officier Général dont il l'aura reçû pendant l'action; & s'il arrivoit qu'il ne trouvât pas cet Officier général, il retirera son Canon, ou le fera demeurer suivant ce qu'il jugera le mieux, & le mieux est toûjours le party où il paroît le plus de fermeté, sans pourtant se commettre par trop de courage, & s'exposer à perdre le Canon par sa faute.

Il est quelquefois utile de conserver des Piéces, pour les placer dans les intervalles des Bataillons, où elles font les mêmes mouvemens que les Troupes; il n'y a point de régle sur cela, & l'Officier d'Artillerie qui l'a commande à une aifle, doit prendre ce party, quand il connoît qu'il en peut resulter quelque bien, & que l'Officier General le juge à propos.

Voilà à peu prés ce qu'on peut donner de régles pour le Service de l'Artillerie le jour d'une Bataille. Ce qui regarde l'attaque, ou la défense d'un Poste, & la protection d'un Fourage ou d'un Convoy, n'admet point de régle generale; la manœuvre qu'on y doit observer, est enfermée dans la plus grande partie de cette Instruction. On placera seulement le Canon dans ces differentes conjonctures, à portée de l'endroit par où l'Ennemy pourra attaquer avec plus d'avantage.

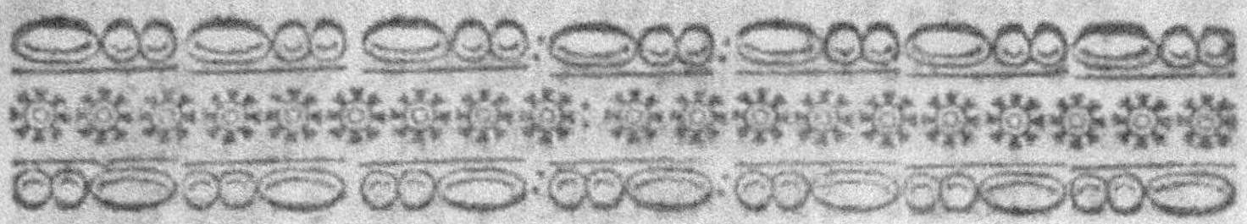

DISPOSITION

Pour les Munitions neceffaires aux Troupes le jour d'une Action.

ON diftribuera aux Brigades d'Infanterie, des Charettes compofées fuivant leur force. Aux Dragons de même.

Outre cela, il faut que Mr. le Major General faffe avertir les Troupes, qu'il y aura des Charettes compofées par tout où le Canon tirera, afin que celles qui en auront befoin en envoyent chercher aux Batteries qui feront le plus proche d'elles.

Le plus grand nombre de Charettes compofées d'outils, &c. fe trouvera au centre à la Brigade du Parc: Il faut avoir foin d'en envoyer de là aux endroits où on juge que les Ennemis veulent faire un effort, & où le feu fera plus grand. Il eft aifé de voir de quel côté l'action eft plus vive, cette précaution porte un fecours plus prompt aux Troupes qui manquent de Munitions, & peut contribuer à la confervation d'un Pofte de confequence.

Il eft neceffaire que Mr. le Major General enjoigne aux Troupes, de la part du General de l'Armée, de ne point ouvrir les Tonnes de Poudre & de Plomb, qu'on leur donnera par Brigade, que lorſqu'on ſera ſeur de la Bataille : Cet ordre eſt d'importance, parce que ſi l'on ouvroit ces Tonnes, & qu'il n'y eût point d'action, ce ſont autant de Munitions perduës, & on n'eſt pas toûjours à portée d'en avoir de nouvelles.

A Paris le douziéme Septembre mil ſept cens vingt.

Signé, CAMUS DESTOUCHES.

PErmis d'imprimer. A Metz ce 26. Avril mil ſept cens trente.

Signé, D'AUBURTIN DE BIONVILLE.